ETHICS AND ROBOTICS

로봇윤리란 무엇인가?

변순용·송선영 지음

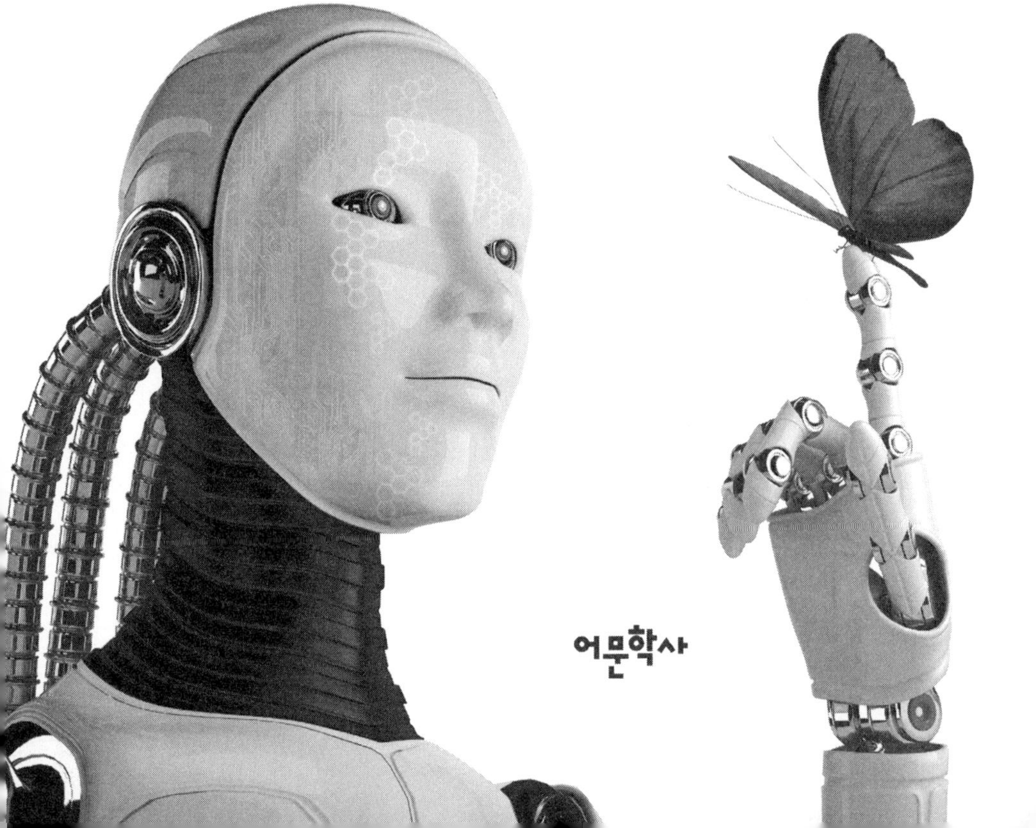

어문학사

저자 서문

로봇윤리란 무엇인가? 이 물음이 생소하게 느껴지는 독자에게는 매우 도발적인 질문으로 다가갈 것이다. 한낱 기계에 불과한 '것'에 윤리를 매우 심각하게 고려하는 것처럼 보일 테니 말이다. 과거에는 인간이 만든 기계와 윤리의 본질은 전혀 상관없는 것으로 보았다. 그런데 지금 로봇공학의 발전 양상을 보면, 그리고 이로 인해 파생될 윤리적 문제들을 예측해보면, 그리 간단하지 않음을 알 수 있다.

현재의 로봇공학과 과학기술 수준에서 우리는 다양한 상상력을 동원할 수 있다. 로봇청소기가 집 구조와 상황을 파악해서 집안 청소를 해 준다면, 요양원 및 병원에 간호로봇이 돌아다니며 환자들의 심장박동 수까지 확인하여 위급 상황을 먼저 인지하여 의사에게 알릴 수 있다면, 매몰된 공사 현장에 즉각적으로 안전 또는 탐사 로봇을 투입해서 적어도 매몰자의 위치를 정확하게 알

수 있다면, 3D 프린터를 이용해서 손을 제작하고 이에 로봇 센서를 인간의 신경체계와 연결하여 잃어버린 손을 완벽하게 대신할 수 있다면, 이와 같은 가정과 상상은 더 이상 상상 속의 세계가 아니라 이미 미디어를 통해 실현 가능한 삶의 지평선 위로 드러나고 있다. 간단히 말해, 앞으로 로봇은 우리의 단순한 작업을 대신해 주는 기계가 아니라, 척척 알아서 우리가 의도한 것을 대신하거나 자연재해 속에서 인간의 능력으로는 할 수 없는 것들을 행할 수도 있다. 그렇지만 이러한 전망이 가져올 그림자에 대한 우려가 제기되는 것도 사실이다. 가령 무인항공기에 의한 민간인 피해 문제, 무인자동차의 사고에 대한 법적, 도덕적 책임의 소재 문제, 드론 등에 의한 사생활 침해 문제 등을 고려해 보면, '로봇윤리란 무엇인가'에 대한 질문을 우리는 보다 신중하게 제기할 필요가 있다.

이런 점에서 이번 책의 발간 배경을 자연스럽게 이야기할 수 있을 것 같다. 2007년부터 한국에서 정부 주도로 야심 차게 진행되었던 '로봇윤리헌장' 초안이 과학기술계 및 로봇공학계 중심으로 마련되었을 때, 특히 종교 및 인문과학계에서는 많은 반대가 있었다. 윤리의 본질을 볼 때, '로봇윤리' 자체가 불가능한 개념이었다. 장시간에 걸쳐 '로봇윤리'에 관해 다양한 학계들의 논의를 거쳤다기보다는 말 그대로 '헌장' 초안과 규정에 대한 분석에 초점이 맞춰짐으로써 본질을 놓쳐버리는 결과를 낳았던 것이다. 그래

서 다시 인문학과 과학기술 및 로봇공학 간의 간격은 점차 더 벌어지게 되었다. 정말 윤리학의 시야에서 인간과 로봇의 문제는 전혀 탐구될 수 없는 것인가? 그러나 우리의 우려와는 달리, 이미 소위 로봇기술 선진국인 유럽, 미국, 일본 등지에서는 인간 삶의 문제에서 로봇기술의 발전을 신중하게 검토하고 있었다. 그들의 로봇기술은 인간과 로봇에 관한 윤리적 탐구와 그 궤도를 함께하고 있었다. 우리도 인간이 만드는 기계에 대해 새로운 차원의 근본적인 질문을 하기 시작했다.

"인간은 누구를 위해 어떤 로봇을 만들어야 할까?"

이 책의 내용을 보면, 우선 Ⅰ장 서론에서 우리는 로봇기술의 급격한 발달에 따라 새로운 윤리적 질문들이 등장할 수 있다는 점에 주목한다. 로봇기술의 발달로 인간의 로봇에 대한 해석과 활용이 새롭게 전개되고 있다. 또한, 이 장에서 다루는 인간과 로봇의 공존에 대한 윤리적 검토는 미래 삶을 위한 예방적 조치와 반성의 성격을 갖는다.

Ⅱ장에서는 현재 로봇의 설계, 제작, 사용 수준에 대해 대표적인 윤리 일반 이론들(의무론, 공리주의, 덕윤리, 책임윤리, 정서주의)의 핵심 원칙을 적용해보았다. 이를 토대로 향후 각 이론의 영역에서 발생할 수 있는 윤리적 쟁점들을 검토하였다. 이에 각 윤리 이론의 수준에서 로봇의 설계자, 제작자, 사용자가 고려해야 하는 윤

리적 질문들을 세부적으로 제시하였다. 이는 각 입장에 따른 로봇 제작 또는 사용을 위한 윤리적 민감성을 강화시킬 수 있다.

Ⅲ장에서는 로봇의 존재론에 대한 이론들을 로봇 발전의 전망을 중심으로 검토하였다. 여기에는 크게 4가지 전망이 있다. 로봇이 단순한 기계라는 인식, 인간의 의지가 반영된 결과물로서 로봇 존재, 인간의 행위를 대신하는 대리인이자 행위자(moral agent), 미래에는 인간과 동등한 지위를 갖는 새로운 종이라는 것이다. 과거부터 미래까지 로봇의 기술 수준에 따라 로봇의 존재는 각기 다르게 바라보게 된다. 이에 로봇의 미래 전망이 로봇의 존재를 다시 새롭게 전개시킬 것이다.

Ⅳ장에서는 현재 로봇기술 발전에 따라 로봇공학계에서 제시하고 있는 8개의 분야별 미래 시나리오를 각 윤리 이론의 수준에서 검토하였다. 각 분야별로 우리의 삶의 모습들은 로봇의 활용에 따라 상당히 변화될 것으로 전망되었는데, 이에 대해 각 윤리 이론에 대한 적용은 윤리적 쟁점을 구체화시켰다. 이에 실제적 해결방안으로서 최소주의 원칙을 활용하여, 현재 단계에서 우리가 가장 고려해야 할 윤리적 문제와 기초를 제시해보고자 하였다.

Ⅴ장과 Ⅵ장은 로봇의 활용이 교육 분야에 미치는 실제적 변

화를 미리 가늠해보고자 하였다. 로봇의 기술과 활용 범위가 매우 다양해지면서, 로봇기술은 미래 공학분야에서 핵심적인 위치를 차지할 것으로 기대된다. 이에 현재 대학의 공학인증프로그램에서 시행중인 공학윤리교육의 패러다임 또한 로봇기술과 그 활용에 따른 로봇윤리의 쟁점 중심으로 변화해야 할 것이다. 그리고 인간과 로봇의 소통을 가능하게 하는 인공지능(AI) 로봇기술이 언어 교육 분야까지 활용되고 있는 실정에서, 이 기술의 도덕윤리교육으로의 적용에도 대비할 필요가 있다. 과거의 컴퓨터 전산기능에 기초한 계산 등의 보조 도구가 아니라 콘텐츠 중심으로 교사-학습자-교육용 로봇의 새로운 관계가 형성될 수도 있다. 이에 대한 기본적인 원칙과 그 활용의 특성 및 한계를 검토하였다.

이에 그동안 로봇윤리에 관한 기초적인 연구들을 '로봇윤리란 무엇인가'의 일관된 질문에 따라 기존에 발표된 연구 성과들을 재구성하고 수정하였고, 이 자료들의 출처는 다음과 같다.

- 『로봇윤리 공론화 전략 연구 최종보고서』, 한국로봇산업진흥원, 2012.
- 「로봇윤리의 이론적 기초를 위한 근본 과제 연구」, 『윤리연구』, 제88호(2013), 1~26.
- 「공학윤리교육으로서의 로봇윤리교육 프로그램 개발에 대한 연구」, 2014년도 한국교육학회 춘계학술대회 발표문.
- 「*The Perspective for the Application of AI Robots to Moral Education*」, Journal of Korea Ethics Studies, Vol. 95(2014), 119~133.

'로봇윤리란 무엇인가?'라는 생소한 질문에도 불구하고 적극적인 관심을 통해 흔쾌히 이 책을 출판해준 윤석전 사장님, 편집자 배정옥 선생님, 그리고 Ⅰ장에서 로봇기술의 미래 전망과 책임에 대해 의견을 주신 충북대학교 김남준 교수님과 이 글을 꼼꼼히 읽으면서 교정을 도와준 김태창 선생님께 깊은 감사의 말을 전한다.

2015년 3월 서초동 사향골에서

저자 변순용, 송선영

목 차 

I 서론-로봇에 대한 윤리적 오리엔테이션

1. 로봇과 로봇윤리를 어떻게 정의(定義)할 것인가?[1)]

로봇이란 무엇인가? 로봇을 어떻게 정의할 것인가? 이에 대해 명쾌한 답을 찾기는 어려운 것 같다. 왜냐하면, 로봇의 발생부터 현재까지 로봇기술은 계속 진보해 왔고, 미래에도 더 진보할 것이

1) 변순용·송선영, 「로봇윤리의 이론적 기초를 위한 근본 과제 연구」, 『윤리 연구』, 제88호(2013), 3쪽~6쪽, "II. 로봇에 관한 견해에 따른 로봇윤리 개념의 문제"를 수정 보완한 부분임.

분명하기 때문이다. 그리고 기술과 상관없이 문학적 상상력에서도 로봇은 어떤 식으로든 한 가지 특정한 모습을 갖추고 있지 않기 때문이다. 로봇은 기원전 12세기 호머(Homer)의 일리아드(Iliad) 작품에서 보이는 헤파이스토스(Hephaestus)가 고안한 지능형 로봇, "황금 시종(golden servant)"에서부터 오늘날 군사용 로봇 공상 영화의 「터미네이터」, 「아이, 로봇(*I, Robot*, 2004)」 등에 이르기까지 다양한 모습들을 갖추고 있다(Lin, 2012: 3~4). 여기서 로봇에 관한 공통적인 관심사는 인간의 힘들고 어려운 노동을 대신하는 것과 연결된다. 로봇의 아이디어는 인간의 힘들고 어려운 노동을 대신하는데 주요 관심이 있다는 것이다. 이런 점에서 로봇이 어떤 노동을 대신할 것인지에 따라 로봇의 규정이 서로 다르게 정의될 수 있다는 문제가 드러난다. 이에 따라 로봇윤리는 개념 그 자체의 발생에서부터 논란이 있을 수밖에 없다.

로봇을 바라보는 다양한 시각들은 실제 로봇공학을 전공하는 연구자들에게서도 나타난다. 이들이 바라보는 로봇에 관한 시각들은 대체로 다음과 같다. 첫째, 로봇은 단지 기계(machine)에 불과하다는 입장이다. 오늘날 로봇은 정교하고 유용한 기계지만, 어떤 위계적 특징이나 의식, 지유 의지를 갖지는 못하는, 말 그대로 기계에 불과할 뿐이라는 입장이다. 둘째, 로봇은 윤리적 차원을 갖는다는 입장이다. 이는 로봇의 발생부터 윤리적 차원이 내재한다는 것이다. 즉, 인간이 직접 설계한 로봇은 동물과는 다른 방식들

에서 표출된 다양한 인간 의지의 결과물이라고 할 수 있다. 셋째, 도덕적 행위자(moral agent)로서 로봇을 바라보는 시각이다. 이 견해는 로봇을 선한 또는 악한 '행동'을 할 수 있는 개체들로 간주한다. 따라서 굳이 로봇에게 인간의 자유의지, 정신상태 또는 책임을 드러낼 필요가 없다는 것이다. 넷째, 로봇은 새로운 종의 진화로 간주되기도 한다. 이 견해는 미래의 로봇을 예측할 때 자주 등장한다. 대표적인 전망이 미래 로봇이 자율성과 의식, 나아가 도덕과 지능의 차원을 가짐으로써 인간과 동등한 종의 지위를 갖는다는 것이다(Veruggio and Operto, 2006: 4a).

이와 같은 로봇 개념 규정에서의 차이는 로봇윤리 연구 방향에도 각각 크게 차이가 나타날 수 있다. 첫 번째 입장에서 출발한다면, 로봇윤리의 연구 방향은 주로 유용한 기계들을 누가 어떻게 활용할 것인가라는 문제들을 다루는 기존의 기술윤리 또는 공학윤리의 주제들과 별 차이가 없을 것이다. 두 번째 입장과 세 번째 입장은 매우 유사하게 보이지만, 로봇윤리 연구 방향 설정에서는 큰 차이가 나타날 수 있다. 전자는 로봇의 내재적 가치에 초점을 두고, 후자는 로봇의 행위 자체에 관심을 갖기 때문이다. 이에 따라 전자의 방향에서는 로봇윤리는 주로 로봇의 존재론적 근거, 실존적 의미, 인간과 로봇의 상호 소통에 관한 내재적 의미와 관련된 분야들이 언급될 수 있는 반면, 후자의 방향에서 로봇윤리는 로봇이 수행하는 행위 자체(임무)의 옳고 그름에 관한 도덕적 판단

및 평가에 관한 내용들이 주요 관심사가 된다. 마지막으로 네 번째의 입장은 앞의 세 가지들과 전혀 다른 로봇윤리를 만든다. 로봇은 인간과 전혀 별개의 새로운 진화의 종이기 때문이다. 이 마지막 입장을 제외하면, 앞의 세 가지 규정들은 모두 로봇을 인간의 하위 범주(인간의 수단 또는 인간이 만들었지만 인간과 유사한 존재)로서 언급하고 있다.

이와 같은 로봇윤리 연구 방향의 차이는 윤리적 영역의 수준이 서로 다르게 나타나게 되는 주요 원인이 된다. 첫 번째와 세 번째의 연구 방향에서 각각 로봇은 수단으로 간주되거나 도덕적 행위자로서 행위 수행에 초점을 맞추고 있기 때문에, 주로 규범적 차원의 문제들로 국한되기 쉽다. 두 번째의 연구 방향에서는 로봇의 내재적 본질과 관련이 있기 때문에 관련 문제들은 주로 기술적 차원으로 서술되기 쉽다. 네 번째의 연구 방향에서는 향후 미래에 로봇 스스로가 자신들에 관한 다양하고 새로운 윤리적 영역들을 개발할 것으로 전망하게 될 것이다.

이러한 윤리적 접근 영역의 차이는 윤리적 주체와 객체의 설정 문제를 발생시킬 수 있다. 앞의 네 가지 연구 경향들에서 윤리적 주체를 인간으로 확실하게 설정한 것은 로봇을 수단으로 간주하는 첫 번째 경향에서만 보인다. 두 번째와 세 번째는 경우에 따라 로봇이 윤리적 주체의 지위를 완전하지는 않지만 일정한 범위에서 가질 수 있고, 동시에 객체가 될 수도 있다. 마지막 네 번째

의 경우에서는 윤리적 주체는 확실히 인간이 아닌 로봇이다.

일관되지 못한 로봇 규정에 따라 서로 다른 로봇윤리 연구 방향의 모습들에 대해서 즉각적인 반론이 제기될 수 있는 근본적인 윤리적 쟁점이 드러난다. 바로 로봇이 일정한 한계를 갖는다는 제약이 있다고 하더라도, 과연 윤리적 지위를 가질 수 있는지에 관한 문제다. 예컨대, 휴머노이드 로봇(humanoid robots)이 동물과는 다른 방식으로 생산된 인간 의지의 기획물이고, 그래서 인류애(humanity)를 실현하는 태생적 가치를 가질 수 있다고 하더라도, 또는 로봇의 의지와는 상관없이 로봇 임무 수행 자체가 옳고 그른 행동의 범주에 있다고 하더라도(Veruggio and Operto, 2006: 4a), 로봇이 인간과 유사한 윤리적 지위를 갖는다고 규정할 것인지는 로봇윤리의 본질적 문제에 속한다고 할 수 있다. 동시에 이는 윤리학과 로봇공학이 상호 접할 수 있는 접점이 되거나 아니면 결코 통과할 수 없는 장막이 될 수도 있다.

그렇다면, 우리는 로봇윤리를 어떻게 규정해야 하는가? 로봇이 새로운 형태의 진화의 종으로 간주되는 입장을 제외한다면, 로봇은 결국 인간에 의해 발생된 인간의 문제들에 속한다. 여기에는 로봇을 만드는 설계자, 제작자, 관리자, 사용자 모두가 포괄적으로 관련되어 있다. 나아가 치료용 목적으로 개발된 분야들이 로봇과 인간 간의 경계를 무너뜨리는 경우가 빈번하게 발생하고 있다. 사이보그 및 교육용/심리치료용 로봇 개발 등은 인간과 로봇

이 상호 교감하거나 상호작용하고 있음을 보여주는 사례들이라고 할 수 있다. 이런 점에서 볼 때, 적어도 로봇윤리에는 로봇공학의 급격한 발전에 따라 변화되는 삶의 양상도 함께 고려되어야 한다. 즉, 로봇공학의 기술이 얼마나 비약적인 발전을 할 것인지를 정확히 알 수 없다고 하더라도, 그 기술이 인간 삶에 적용이 될 때 나타날 수 있는 윤리적 문제들도 미리 예측을 해야 하는 경우도 포함된다. 그러므로 서로 다른 로봇에 대한 견해를 고려하면서 로봇윤리 개념에 접근할 때에는 새로운 종으로서 로봇을 제외한 나머지 견해들, 말하자면, 수단으로서 로봇, 윤리적 영역을 갖는 로봇, 임무 수행의 도덕적 행위 특성에 초점을 맞춘 로봇과 인간(설계자, 생산자, 사용자, 관리자)과의 관계들을 포괄적으로 고려해야 할 필요가 있다.

2. 인류 모두가 로봇기술의 혜택을 받을 수 있을까?

로봇기술은 근본적으로 인류의 복지와 행복에 기여하는 것이어야 한다. 그런데 디지털 기술과 게놈 연구가 우리가 기대하지 않았던 사회 문제로서 디지털-디바이드(digital-divide), 게노믹스-디바이드(genomics-divide)를 야기하였듯이, 로봇기술의 발전은 로봇기술과 관련하여 새로운 로봇 디바이드(robot-divide) 문제,

즉 사회적 정의(正義) 문제를 야기할 가능성이 있다.

우선, 로봇기술은 잘사는 산업 선진국과 못사는 개발도상국 사이에 로봇기술의 이익과 혜택의 불균형한 분배 문제를 일으킬 가능성이 있으며, 사회 내부적으로는 잘사는 사람과 못사는 사람 사이의 로봇기술 접근 가능성을 둘러싼 분배 정의 논쟁을 일으킬 가능성이 있다. 즉, 로봇기술의 개발은 기반산업구조와 상당한 자본의 투자가 요청되기 때문에, 선진국이 독점할 가능성이 높으며, 이는 곧 기존의 산업 선진국과 개발도상국 사이의 경제적 격차를 심화시킬 것이다. 그리고 "High-Tech, High-Cost"로 사회적 빈부 격차는 심화될 것이고, 이는 로봇기술 개발을 둘러싸고 사회 계층 간 갈등을 일으킬 가능성이 있다. 따라서 로봇기술이 인류의 복지와 행복에 기여하기 위해서는 무엇보다도 로봇기술의 공익성을 확보하는 것이 하나의 사회적 과제로 자리매김되어야 할 것이다.

로봇기술의 발전, 특히 인간의 로봇화와 로봇의 인간화는 사회 계층의 양분화와 그에 따른 차별 문제를 일으킬 가능성이 있다. 로봇기술이 일반화되면 자연적으로 탄생한 자연인(Naturals), 로봇기술의 도움으로 지능, 신체적 능력을 보강한 초인간으로서 새로운 계층(Robot-enriched), 인간과 같은 혹은 인간의 능력을 넘어선 로봇(Robot) 등 새로운 여러 존재들이 한 자리에 공존할 가능성이 있다. 그런데 자연적으로 탄생한 우리와 같은 자연인은 초인간으

로서 새로운 계층과 인간의 능력을 넘어선 로봇과 능력 면에서 경쟁할 수 없는 상황에 이를 수 있다. 빌 조이(B. Joy)가 지적하듯이, 우리는 뛰어난 능력을 지닌 로봇 종과의 조우에서 살아남지 못할지도 모른다. 이러한 상황은 인간의 필요와 목적을 위해 창조한 로봇에 의해 오히려 인류의 복지와 행복이 종속되어 버리는 상황을 야기한다. 마치 컴퓨터의 편리함에 익숙해지는 만큼 인간이 컴퓨터에 종속적인 존재가 되어버리는 것처럼 말이다.

이런 맥락에서, 우리는 로봇기술의 개발 과정에서 기대하지 않았던 인간 사회의 양분화 내지 양극화의 문제를 염두에 두고, 로봇기술이 인류에게 예기치 않았던 사회적 문제를 일으키지 않도록 조심스러운 사전 조치를 취할 필요가 있다.

3. 자율적인 로봇 사용과 결과, 누가 책임을 질 것인가?

로봇기술의 발전은 인간과 같은 지능과 어느 정도 자율성을 표현하는 능력을 갖춘 일종의 지능로봇을 만들어낼 가능성이 있다. 이때 로봇은 인간과 같은 자유의지를 지닌 자율적 존재로 자리매김하지는 않겠지만, 적어도 현상적 차원에서 자율적 주체인 것처럼 행동할 수 있을 것이다. 이런 맥락에서 위임된 자율성 혹은 준자율성(Quasi-Autonomy)이라는 개념이 도출되기도 한다. 즉, 로봇

이 현상적 차원에서 행위와 선택의 주체인 것처럼 여겨지는 상황이 발생할 수 있다는 것이다. 그런데 우리는 일상에서 지능이나 자율성이 부족한 존재에게 우리와 같은 사회적, 도덕적 대우를 하는 것을 윤리적으로 정당하다고 생각한다. 그렇다면 우리는 적어도 현상적 차원에서 자율적 주체로 여겨지는 로봇을 어떻게 대우할 것인가? 우리는 인간이 로봇을 창조하였다는 이유로, 혹은 자신이 돈을 주고 샀다는 이유로 이러한 로봇을 자기 마음대로 대우해도 되는 것일까? 만일 로봇이 인간과 마찬가지로 자신의 자율성과 존엄성을 인식하게 된다면, 우리는 어떤 이유로 인간의 필요와 목적에 봉사할 수 있도록 로봇을 차별할 수 있을까? 로봇윤리는 로봇이 갖출 수 있는 현상적 자율성의 문제를 윤리적 관점에서 심도 있게 논의해야 할 것이다.

예를 들어, 이러한 상황에서 군사용 로봇에게 인간을 대신한 죽음을 정당하게 요구할 수 있는가? 이와 반대로, 로봇은 단순히 사전 프로그램에 의해 행동하는 것이라고 한다면, 우리는 군사용 로봇의 잔인한 살상 행위에 대해 책임을 물을 수 있는가? 그리고 섹스 로봇의 경우 그들이 현상적으로 자율성을 인식하는 준인격체라고 한다면, 우리가 그러한 로봇을 상대로 섹스를 강요하는 것은 윤리적으로 정당한가? 이와 달리, 섹스 로봇이 단순히 기계에 불과한 것이라고 간주하더라도, 인간과 로봇의 섹스로 인한 가정 질서의 파괴와 욕구의 과잉을 어떻게 해결할 것인가?

또한, 로봇이 자율적으로 사고하고 판단하여 행동할 경우, 그에 따른 윤리적 책임은 로봇 제작자에게 있는 것인가, 아니면 로봇 자체에 있는 것인가? 즉, 로봇의 자율성의 확대가 가져올 수 있는 예기치 않았던 부정적 결과에 대해서 책임의 소재를 규명하는 작업이 요청될 수 있다. 이런 맥락에서, 우리는 로봇에게 어떤 종류의, 그리고 어느 정도의 자율성을 부여하고, 누구에게 어떤 종류의 책임을 물을 것인지의 문제, 즉 로봇 책임의 디자인 문제를 로봇기술 개발 과정에서 심도 있게 논의해야 할 것이다.

II
로봇에 대한 윤리 이론의 적용

1. 머리말

장면-왜 로봇 '베이맥스'는 '히로'의 살인 명령을 거부했을까?

2015년 1월 한국에서 개봉된 애니메이션 영화 「빅 히어로(Big Hero)」에서는 인간 주인공 '히로'와 힐링 로봇 '베이맥스(Baymax)'가 등장한다. 주인공 히로는 자신의 형 '테디'가 개발한 로봇 베이

맥스, 그리고 테디의 동료들과 함께 테디의 죽음의 원인인 '가면의 사나이'를 추적한다. 히로는 이 과정에서 가면의 사나이에 맞서기 위해 힐링 로봇에 최고의 전투 기능(슈퍼 히어로)을 함께 부여하였고, 테디의 지도교수였던 캘러헌 교수가 '가면의 사나이'임을 밝히면서 마침내 그를 생포할 기회를 맞이하였다. 히로는 힐링 기능과 전투 능력을 갖춘 베이맥스에게 캘러헌 교수를 죽이도록 지시하였다. 그러나 베이맥스는 히로의 분노에 따른 결정에 즉각적으로 이를 거부하였고, 이에 히로는 베이맥스의 힐링 기능칩을 제거함으로써 베이맥스가 캘러헌 교수를 공격하도록 만들었다.

로봇을 소재로 하는 영화에서 점차 인간과 로봇의 간격은 매우 좁아지고 있다. 우리의 일상에서 로봇은 더 이상 낯선 존재가 아닐 것이라는 상상이 상당히 반영되고 있다. 그런데 이러한 과정에 가장 큰 문제가 남아 있다. 공상 과학 애니메이션 영화처럼, 로봇이 인간과 친구가 될 수 있다고 하더라도, 인간은 로봇을 어떻게 통제할 수 있을까? '베이맥스'처럼 공격 명령 또는 살인 명령을 거부해도 되는 것일까? 비록 '베이맥스'가 자신의 본래 명령, 즉 건강 확인을 통해 히로의 감정이 정상이지 않음을 근거로 판단했다고 하더라도, 테디를 죽인 살인범에 대한 공격을 거부해야 하는가? 간단히 말해, 이러한 공상과학의 영역에서도 윤리적 문제는 여전히 해결되지 않고 있다. 따라서 우리가 바라보는 인간과 로봇

의 관계는 가까운 미래에 본격적으로 문제가 제기될 가능성이 높다. 로봇기술은 진보하고 있고, 심지어 심리치료 및 교육 분야 등에서 인간과 상호작용 하는 파트너로 간주될 정도로 인간과 직접적인 관계를 맺고 있다. 이런 점에서 앞으로 다양한 인간과 로봇 간의 관계에 관한 새로운 갈등들이 사회에 확대될 가능성이 매우 높다.

일반적으로 사회 일반의 다양한 갈등 상황들에 대해 주목하는 윤리 일반의 이론들은 다양하지만, 대체로 의무론, 공리주의, 덕 윤리, 책임윤리가 일반적인 범위에 속한다. 그리고 로봇이 인간의 정서와 의지가 반영된 프로그램에 의해 작동된다는 측면에서 본다면, 정서주의의 맥락을 고려해야 한다.

이와 같은 윤리 일반 이론의 분야들을 통합적으로 고려하기 위해 여기서는 최소 도덕의 원리를 활용하고자 한다. 인간과 로봇 간의 관계에서 비롯된 윤리적 문제들은 각 윤리 이론 분야들에서 서로 다르게 해석될 여지가 많다. 그러나 각 원리들에서 최소한의 원칙들에 누구나 합의할 수 있는 도덕을 제시할 수 있다면, 적어도, 향후 로봇 관련 법 제정, 설계 및 사용 등에 관한 사회적 합의를 마련하는 데 크게 기여할 수 있다.

이상의 활용에 관한 모습은 (그림 2-1)과 같다.

그림 2-1 최소 도덕의 윤리 일반 이론 활용

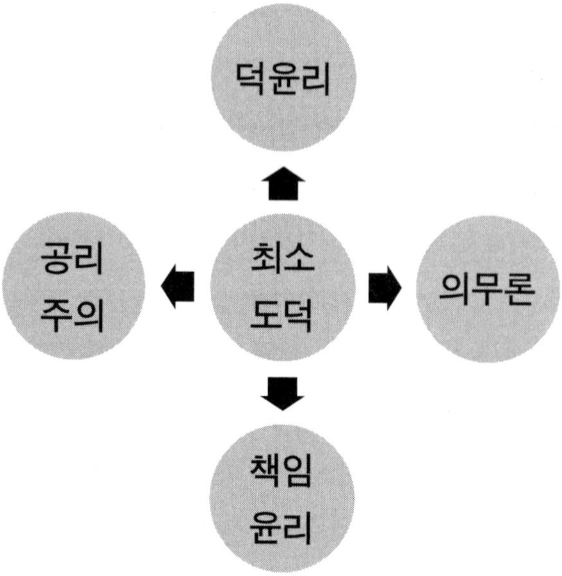

그러나 학문적으로 각 윤리 이론이 내부적으로 동일한 지향점(인간)을 갖는다고 하더라도 핵심 내용에서는 서로 다른 입장을 전개하는 경우가 많다. 예를 들면, 우리가 의무론이라고 하더라도, 그것이 칸트의 주장을 그대로 따르는 것인지, 아니면 시대 변화에 따른 다양한 상황들에 맞춰 다소 변용된 주장을 적용하는 것인지, 또는 공리주의 경우에는 벤담의 주장만을 취할 것인지, 밀의 주장만을 취한 것인지, 두 사람의 주장을 연계할 것인지, 현대 공리주의의 주장들을 모두 수용하는 것인지 등 너무나 전문적인 분야들

이 전개되어 있는 실정이다.

여기서는 이 모든 것을 고려하는 것이 어려운 일이기 때문에, 윤리 일반 이론에서 인간과 로봇의 관계에 관한 주요한 윤리적 쟁점들을 제기하고 그 대비책을 검토해 보는 것을 주요 목적으로 삼는다. 이런 점에서 윤리 일반 이론들의 범위에 대한 제한이 불가피한데, 그 기준은 인간과 로봇 간의 관계에서 제기되는 윤리적 쟁점들이다.

특히 인간과 로봇 간의 상호 관계에서 발생하는 쟁점들은 윤리학 분야에서 대부분 규범적이거나 실존적일 수밖에 없다. 행위 주체가 각각 "인간"과 "로봇"이고, 이 둘은 상호 관계에 놓여 있기 때문에, 이들 관계에서는 상호 행위 작용의 문제와 이 관계에서 각각 존재적 지위에 관한 문제가 발생할 수밖에 없다.

또 다른 문제는 로봇기술 발전과 관련되어 있다. 현재 일반적인 로봇기술 발전 로드맵에 따르면, 2030년 즈음에 로봇은 인위적인 프로그램에 따라 인간과 의사소통 및 정서교류를 할 수 있을 것으로 기대된다. 이는 인간과 로봇 간의 관계에서 다양한 세부적인 문제들이 발생할 수 있는 시점이 2030년 이후라는 것을 의미한다. 이런 점에서 윤리학 일반 이론 분야들을 모두 포괄해서 적용하는 것은 불가능하다.

그러므로 윤리 일반 이론을 로봇공학 분야에 적용하는 데 있어서 다루고사 하는 기본적인 틀(framework)은 의무론, 공리주의, 덕

윤리, 책임윤리 및 정서주의다. 하지만 여기서는 각 이론의 특정 원칙이나 인물을 중심으로 전망하기보다는 일반적인 원리 및 사상에 초점을 맞출 것이다.

2. 의무론 : 선의지와 정언명령

칸트(I. Kant)는 도덕적 행동의 출발점을 선의지(good will)로 삼는다. 선의지에 따른 행위들은 인간의 보편적 법칙으로 형성되기 때문에, 개별적인 인간의 준칙들은 결코 인간의 보편적인 선의지와 갈등할 수 없다. 즉, 본래부터 선의지에 따라 도덕적으로 옳은 행동이라면, 우리는 그 행동에 대한 어떤 결과에 대한 기대를 고려하지 않아야 하고, 그 결과들에 상관없이 보편적 법칙에 따라야 한다. 다시 말해, 선의지의 원리가 바로 최고의 보편적 법칙인 것이다.

이처럼 선의지의 절대성은 다음과 같은 의지의 형식, 대상, 포괄적인 전체성의 원칙에 따른다. 첫째, 의지의 형식은 그 자체가 동시에 보편적인 법칙이 될 수 있는 준칙에 따라 행동하는 것이다. 이에 따라 선의지의 형식은 주관적인 준칙들을 보편적인 도덕법과 일치하게 된다. 둘째, 보편적인 법칙의 세계에서 대상은 또한 자신들의 준칙에 따른 행위를 해야 한다. 셋째, 합리적 존재는

특성상 하나의 목적을 가지기 때문에, 그 자체의 보편적 타당성을 필연적으로 수반하는 행위를 해야 한다.

그러므로 칸트에게서 오직 선(goodness)이라고 할 수 있는 것은 오직 선의지(good will)뿐이다. 여기서 선의지에 따른 행위는 보편적인 법칙이고, 자율적인 행위 주체로서의 인간이 행하는 도덕적 의무가 되는 것이다. 그리고 이러한 선의지의 도덕 명령은 절대적인 정언명령(categorical imperative)으로 나타난다. 이 명령에 따른 행위 그 자체는 인위적이거나 강제적인 것이 결코 아니라는 점에서 도덕적 행위자는 자율적으로 행동하는 주체를 의미한다. 이 명령을 대체로 요약하면 다음과 같다.

제1 명령 : 너의 의지의 준칙이 언제나 타당한 보편적 입법의 원리가 되게끔 행동하라.

제2 명령 : 타인을 대함에서 수단으로 대하지 말고 언제나 항상 목적으로 대하라.

제3 명령 : 보편적인 목적의 왕국에서 항상 입법가로서 행동하라.

위와 같은 칸트의 의무론적 근거를 로봇공학 분야로 적용할 수 있는 가능성은 크게 로봇 설계자·제작자·관리자, 그리고 로봇 사용자의 선의지에 관한 문제다. 이는 합리적 존재로서 인간이 선의

지에 따라 단지 기계적 수단인 로봇을 다른 목적적인 합리적 존재를 위해 활용하는지에 관한 것이다.

【표 2-1】 의무론(선의지와 정언명령)의 기본 적용

<table>
<tr><th>대상 분야</th><th>적용 문제</th><th>적용 범위</th></tr>
<tr><td>로봇 설계자·제작자·관리자</td><td>로봇 설계자·제작자·관리자의 의도 : 인간을 위한 로봇이다.</td><td rowspan="2">수단으로서의 로봇

로봇과 관련된 모든 인간들의 선의지에만 접근

인간에 대한 절대적 가치 부여 및 상호 존중</td></tr>
<tr><td>로봇 사용자</td><td>로봇 사용자의 의도 : 선한 의도로 로봇을 사용해야 한다.</td></tr>
</table>

그러나 의무론의 기본 입장을 로봇공학 분야에 적용하는 데 있어서 이처럼 단순히 로봇을 수단으로 간주하는 것에 논란의 여지가 있어 보인다. 오늘날 로봇윤리 분야에서는 로봇은 적어도 인위적인 도덕적 행위자의 이해에서 언급된다. 왜냐하면 다양한 로봇들이 인간 삶을 위한 목적에서 기획된다고 하더라도, 현장에서 로봇들은 사용자들을 포함한 인간들에 대한 직접적인 상호작용 관계를 맺고 있기 때문이다.

【표 2-2】 의무론(선의지와 정언명령)의 적용 가능성

대상 분야	적용 가능성과 논란	적용 범위
프로그램화된 행위자로서 로봇	도덕적 행위자(moral agent)로서의 지위 : 로봇에게 도덕적 행위자의 지위부여가 가능한 것인가?	목적적 또는 목적 가능한 존재로서의 로봇
로봇과 인간 상호작용	인간과 (프로그램화된) 로봇의 상호작용과 반응 : 입력된 프로그램에 의해 다양한 작용들을 직접 결정하고, 판단하여, 인간에 대해 피드백을 구현하는 반응을 할 수 있는 (프로그램화된) 자율적 의사결정 능력을 갖출 수 있지 않은가?	로봇의 실존적 지위 문제 인간과 로봇의 직접적인 상호행위 작용 인간과 로봇의 직접적인 상호의사소통 작용

이런 점에서 이성적 존재의 선의지에서 출발하는 보편적 행위자인 인간, 도덕적이고 자율적인 인간, 이러한 인간에 의해 기획된 로봇, 이를 사용하는 사용자, 이 로봇과 인간과의 교류 등의 모든 양상에서 로봇에 관한 실존적 지위에 관한 문제는 선의지와 정언명령을 토대로 의무론의 전망에서 로봇기술 발전의 시기와는 상관없이 제기될 수 있다.

3. 공리주의 : 공리성, 최대 행복과 질적 행복

공리주의에서 올바른 행동을 하는 사람은 ① 자신의 행복을 극대화하고(고통을 최소화하고) 동시에 다수의 행복도 극대화하는(고통도 최소화하는) ② 결과를 산출하는 행동을 하는 사람이 올바른 사람이다. 공리주의에서의 행복(happiness)은 모든 행동이 산출하는 궁극적 결과로서, 고통의 부재(the absence of pain)를 의미한다. 이러한 행복을 극대화하는 것, 즉, 공리성의 원리에 따르면, 우리에게서 요구되는 능력은 행복 계산 능력이다. 이는 행동의 결과에 대한 계산으로서, 행위 자체는 행위자 자신뿐만 아니라 타인의 행복을 증진하는 데에도 기여해야 한다.

그런데 '최대 행복'에 관한 문제가 있다. 즉, 무엇이 참된 행복(true happiness)인지에 관한 것이다. 예컨대, 단순한 배고픔을 해결하기 위한 행동과 타인을 위해 희생하는 행동이 추구하는 행복은 서로 다르다. 이런 맥락에서 밀(J. S. Mill)은 행복에서 양(quantity)과 질(quality)을 구분하고, 공리주의가 단지 '고통의 부재'의 결과로서 양적 쾌락을 추구하는 것을 비판하였다. 반대로 타인을 위한 고귀한 '희생'의 고통은 오히려 질적 쾌락을 극대화한다. 밀에 따르면, 공리성의 원리는 어떤 행위가 최대 행복을 극대화해야 하지만, 궁극적으로 행복은 존엄성(dignity)을 실현하는 것이다.

인간과 로봇 간의 상호 관계를 준비한다면, 존엄성을 실현하기

위한 최대 행복 및 질적 행복을 극대화할 수 있는 행위 계산 능력에 초점을 맞출 필요가 있다. 최대 행복 및 질적 행복을 극대화하기 위해서는 도덕적 행위자는 존엄성에 토대를 둔 행위 계산을 할 수 있는 능력을 충분히 갖추고 있어야 한다. 이를 위해서는 그 행위자는 단지 자기 이익만을 계산하는 것이 아니라 가능한 한 많은 타인들의 이익까지도 고려해야 한다. 이런 점에서 밀은 구성원들에게 배고픈 소크라테스가 되길 강력히 권한다.

【표 2-3】 공리주의(최대 행복과 질적 행복)의 기본 적용

대상 분야	적용 문제	적용 범위
로봇 설계자·제작자·관리자	로봇 설계자·제작자·관리자의 행복관 : 수요가 많은 로봇을 만든 것이 전체 사람들의 행복에 기여하는 것이다.	수단으로서의 로봇
로봇 작동에 대한 피드백	피드백을 통한 로봇기술 발전이 질적 행복을 극대화하는 것이다.	로봇을 활용하는 최대 행복과 질적 행복
로봇 사용자	로봇 사용자의 행복 산출 : 사용자들의 행복을 극대화한다.	인간 행복의 극대화에 기여하는 로봇

그러나 의무론과 마찬가지로, 위와 같은 공리성의 원칙을 로봇 공학 분야에 적용하려 할 경우 여러 가지 문제가 예상될 수 있다. 우선 궁극적으로는 로봇의 질적 행복 계산 능력에 관한 것이다. 물론 이러한 능력은 로봇이 인공지능의 능력을 갖추고 인간과 감정 교류가 가능한 것으로 예상되는 2030년 정도에 본격적으로 제기될 수 있을 것이다. 이 시기가 본격적으로 전개되기까지는 로봇의 생산 분야와 활용 등에 관한 실용적 문제들이 논란이 될 소지가 있다.

【표 2-4】 공리주의(최대 행복과 질적 행복)의 적용 가능성

대상 분야	적용 문제	적용 범위
프로그램화된 로봇	로봇 자체가 인위적인(프로그램화된) 최대 행복과 질적 행복의 극대화를 계산할 수 있는 능력을 갖추는 것이 정당한 것인가?	목적적 또는 목적 가능한 존재로서의 로봇 로봇의 실존적 지위 문제 인간과 로봇의 정서 교류 능력 이후 본격적 제기 가능성(2030년 예상)

<table>
<tr><th>대상 분야</th><th colspan="2">적용 문제</th><th>적용 범위</th></tr>
<tr><td rowspan="3">로봇 작동에 대한 피드백 및 새로운 로봇에 대한 수요</td><td>로봇 관리자</td><td>앞으로 인간에게 해를 미칠 수도 있는 로봇 기술 오류 방지를 위해 어떤 법 제도들을 정비할 것인가?</td><td rowspan="3">수단으로서의 로봇 유지

인간 생활에서 로봇의 사용과 행복 관계

2030년까지 로봇 기술 발전에 따라 국가 및 정부, 기업, 소비자의 생활에서 제기 가능한 윤리적 문제</td></tr>
<tr><td>로봇 설계자 및 제작자</td><td>경제적 이익이 많이 남는 로봇을 개발할 것인가? “전체 구성원들의 삶”의 질을 증진할 수 있는 로봇을 개발할 것인가?</td></tr>
<tr><td>로봇 사용자</td><td>반복된 로봇 사용이 지속적으로 사용자들에게 질적 행복을 극대화할 수 있는가?</td></tr>
</table>

밀의 공리주의적 견해에서 로봇이 인간의 최대 행복과 질적 행복 개선에 크게 기여할 수 있을 것인지에 관한 문제는 많은 논쟁이 따를 것이다. 이는 공리주의를 단지 경제적 효용성의 결과주의적 요소만을 강조할 것인지, 아니면 전반적인 사회적 문제를 인간

성의 토대에서 해결하고자 했던 사회윤리의 공리성을 강조할 것인지에 따라 다를 수 있기 때문이다.

4. 덕윤리

덕윤리(virtue ethics) 분야는 주로 인간의 행위 그 자체보다는 인간이 사회에서 살아오면서 형성된 삶 자체와 행위자에 초점을 둔다. 인간 삶의 궁극적인 목적은 행복이다. 하지만 개별적으로 행복을 실현하기 위한 다양한 활동들은 각기 다르다. 각자의 삶에서 겪고 실천한 경험과 반성이 모두 다르고, 이에 따라 각자의 덕(virtue)의 수준도 모두 다르다. 그러므로 가장 고상한 덕을 갖춘 탁월한 인간의 궁극적 목적인 행복을 실현하는 것이 가장 바람직하다.

아리스토텔레스는 인간 삶의 최종 목표인 행복을 유덕한 영혼의 활동이라고 정의한다. 삶의 궁극적 목적으로서 행복은 추상적인 개념으로 간주될 수 있지만, 삶의 과정에서 형성되는 덕에 의해 실현되는 구체적인 활동이다. 그래서 이러한 활동에는 두 가지 측면에서 이루어진다. 교육에 의해서 형성되어 활동하는 지적인 덕과 습관에 의해서 형성되어 활동하는 도덕적인 덕이 있다. 인간은 사회에서 자연스럽게 도덕적인 덕을 받아들이면서, 특히 습관

을 통해 탁월한 사람으로 나아간다.

아리스토텔레스의 덕은 지나침과 부족함을 피하고 중간을 추구함으로써 얻어지는, 중용의 덕이다. 이는 적절한 때에, 적절한 사람들에게, 적절한 동기로, 적절히 그렇게 해야 할 방식으로 감정을 느끼고 행위 하는 것이 중용이자 최선이며 덕이다. 과도함과 부족함의 양극단은 모두 중간에 대립하고, 자기들끼리도 대립하며, 중간은 두 극단에 대립한다. 그리고 어떤 경우에는 부족함이 중간과 더 대립하고, 어떤 경우에는 지나침이 중간과 더 대립하기도 한다.

덕윤리는 본격적으로 전개될 인간과 로봇의 상호 관계의 측면에 대해 덕의 활동과 탁월성의 모습을 제시할 수 있다. 행복의 추구는 일생동안 전개되는 덕의 활동을 통해서만 가능하고, 이를 위해서 도덕적 행위자는 수많은 일생의 경험들과 반성을 통해 탁월한 성품을 갖추고, 모든 사물들을 관조하게 된다. 이런 과정에서 불운한 경험이나 실패는 슬픔에 속한 것이 아니라 반대로 극복의 대상으로서 보다 성숙한 덕의 형성 계기가 된다. 그러므로 사회에서 타인과 끊임없이 관계를 맺고 있는 윤리적 인간은 일생동안 그 속에서 덕을 실천적으로 형성하고, 반성하는 행위자가 되어야 한다.

【표 2-5】 덕윤리의 기본 적용

대상 분야	적용 문제	적용 범위
로봇 설계자·제작자·관리자	로봇 설계자·제작자·관리자의 탁월성 : 유덕한 덕을 갖춘 사람이 로봇을 기획하고 관리해야 한다.	수단으로서의 로봇 로봇을 활용(제작, 사용, 관리)하는 데 있어서 인간의 덕과 탁월성을 고려
로봇 사용자	로봇 사용자의 덕 : 로봇 사용자의 덕에 따라 로봇 활용 가치가 달라진다.	

로봇이 2030년경에 감정을 가질 수 있다는 측면에서 본다면, 덕윤리는 장기적으로 로봇 자체에 관해 도덕적 행위자가 될 수 있는지의 문제를 제기할 수 있다. 현재 로봇기술 단계에서 로봇의 행위에 대해 로봇 스스로가 반성할 수 있는 능력은 없다. 그러므로 덕윤리의 영역에서 로봇공학 분야로의 적용 가능성은 다음의 도표와 같이 정리할 수 있다.

【표 2-6】 덕윤리의 적용 가능성

<table>
<tr><th>대상 분야</th><th colspan="2">적용 가능성과 논란</th><th>적용 범위</th></tr>
<tr><td>프로그램화된 로봇</td><td colspan="2">로봇 자체가 인위적인(프로그램화된) 반성적 능력을 갖는 것은 정당한 것인가?</td><td>목적적 또는 목적가능한 존재로서의 로봇

2030년 인간과 로봇의 정서교류 이후 가능성</td></tr>
<tr><td rowspan="3">로봇 작동에 대한 피드백 및 새로운 로봇에 대한 수요</td><td>로봇 관리자</td><td>로봇 설계자, 제작자, 사용자들의 덕을 어떻게 지속적으로 계발할 것인가?</td><td rowspan="3">수단으로서의 로봇 유지

로봇의 반성적 능력 범위 확대 단계</td></tr>
<tr><td>로봇 설계자 및 제작자</td><td>피드백에 따른 로봇기술을 발전시키는 데 있어서 반성적 행위 능력의 적용 범위를 확대하는 것이 바람직한 것인가?</td></tr>
<tr><td>로봇 사용자</td><td>로봇이 현재 사용자의 덕성 함양에 도움이 된다면, 사용자와 로봇의 상호작용에 따른 영향은 일생에서 바람직한 것인가?</td></tr>
</table>

다만 각 분야별로 프로그램화된 반응으로서 로봇은 사용자들에 대해 입력된 대응을 할 수 있다. 하지만 로봇 활용의 피드백을 통해 로봇기술이 발전한다는 점에서, 로봇에 대한 반성적 대응력의 기획 범위는 점차 일상생활에서 확대될 수밖에 없다.

5. 책임윤리

현대 과학기술의 발달은 인간 삶에 대한 다양한 양상을 전개시켰고, 이에 따라 의무론과 공리주의 중심의 규범 윤리학에 대한 한계가 지적되고 있다. 특히 규범 윤리학은 인간 행위 중심의 당위성, 즉, 행위의 옳고 그름에 초점을 맞춤으로써, 미래 삶에 중요한 영향을 미치는 과학기술의 발달과 큰 간격이 생긴다. 핵기술의 개발과 군사적 목적의 전개가 오늘날 인간에게 미치는 영향이 대표적인 사례라고 할 수 있다. 이런 점에서 현재 예측 가능한 결과를 추구하는 과학기술이 인간에게 미치는 영향에 대해 판단하는 옳고 그름, 선과 악에 대한 판단은 가까운 미래에 오히려 인류에게 전혀 다른 결과를 미칠 수 있다. 다시 말해, 현대의 과학기술은 모든 새로운 가능성에 대해 도전함으로써 인류 전체에 대해 전혀 예측불가능한 영향력을 행사할 수 있는 것이다.

이를 극복하고자 하는 윤리적 고려는 바로 공동체, 나아가 인

류 전체와 미래에 대한 책임을 물어보는 것이다. 이른바 책임윤리의 전망에서 기술적 진보는 인간에게 많은 혜택을 가져다주지만, 동시에 인간 심성을 동시에 파괴할 수 있다. 왜냐하면 요나스(H. Jonas)의 책임윤리에 따르면, 기술적 진보가 추구하는 미래에 관한 지식에 대한 두려움과 예측을 갖지 못한다면, 그 진보는 인간화를 상실한 것이기 때문이다. 그래서 인간은 책임을 질 수 있는 유일한 존재로서 책임의 능력과 책임의 당위성을 갖는다. 이처럼 인간에 대한 인간의 적극적 책임은 단지 법률적 차원을 넘어 윤리적 차원으로 확장되어야 한다.

로봇공학 분야에서의 적용에서 책임윤리는 현재의 로봇기술 지식과 발전에 일정한 두려움을 전제로 할 수밖에 없다. 비록 로봇 공학자들이 기술적 진보를 통해 완벽하게 로봇을 통제할 수 있다고 하더라도, 그리고 인간에게 많은 진보를 제공한다고 하더라도, 미래의 결과는 마치 핵무기와 같이 예측 불가능할 뿐만 아니라 장기 효과의 측면에서 어떤 심각한 문제가 제기될지는 모르는 일이다. 현재 수준에서 기술적 진보와 이것의 예측 불가능한 인간과 로봇의 미래에 대한 책임을 고려한 윤리적 수준은 다음과 같다.

【표 2-7】 책임윤리의 기본 적용

<table>
<tr><th>대상 분야</th><th>적용 문제</th><th>적용 범위</th></tr>
<tr><td>로봇 설계자·제작자·관리자</td><td>로봇 설계자·제작자·관리자의 두려움과 책임 : 인간은 로봇을 용도에 맞게 통제할 수 있다.</td><td rowspan="2">수단으로서의 로봇

로봇의 기술적 진보와 불투명한 미래 삶에 대한 두려움

인간에 대한 인간의 적극적 책임</td></tr>
<tr><td>로봇 사용자</td><td>로봇 사용자의 책임 : 로봇 사용이 앞으로 전체 구성원들에게 악영향이 미칠 수도 있다는 점을 항상 두려워한다.</td></tr>
</table>

그러나 책임윤리는 기술적 진보의 미래를 예측 불가능한 것으로 바라보고 있기 때문에, 의무론의 적용 가능성에서 보이는 것처럼, 2030년에 예측되는 인공지능 및 감정교류 능력을 갖춘 로봇의 등장과 무관하게, 인간과 로봇의 관계에서 인간에 대한 인간의 책임, 인간에 대한 로봇의 책임, 미래 인간의 삶에 대한 로봇 개발자와 사용자의 책임 문제를 지속적으로 제기할 것이다.

【표 2-8】 책임윤리의 적용 가능성

<table>
<tr><th>대상 분야</th><th>적용 가능성과 논란</th><th>적용 범위</th></tr>
<tr><td>프로그램화된 행위자로서 로봇</td><td>책임을 질 수 있는 존재의 여부 : 책임을 질 수 있는 능력을 갖고 있고, 책임의 판단을 누가 내릴 수 있는가?</td><td rowspan="2">책임의 능력을 갖춘 존재로서의 로봇

인간에 대한 로봇의 윤리적인 책임</td></tr>
<tr><td>로봇과 인간의 상호작용</td><td>인간에 대한 로봇의 책임 : 비록 입력된 프로그램에만 따른다고 하더라도, 로봇은 인간에 대해 적극적인 윤리적 책임을 질수 있는가?</td></tr>
</table>

의무론은 도덕적 행위자의 행위에 관한 문제라면, 책임윤리는 공동체 또는 인류 전체에 관한 인간에 대한 책임에 관한 문제라는 점에서 이 두 입장의 로봇공학 일반에 적용 가능성에는 차이가 있다.

6. 정서주의

정서주의는 책임윤리와 마찬가지로 기존의 규범 윤리학 중심에 대한 대안으로서 제기되고 있다. 비록 정서의 본질, 그리고 정서가 우리의 행위에 미치는 영향에 대해서는 고대 그리스 사상에서부터 현대에 이르기까지 지속적으로 탐구되었지만, 정서가 윤리적 삶에 근본적인 역할을 담당한다는 인식은 최근의 일이다.

대체로 윤리학 일반에서 정서주의 입장은 일정한 한계를 갖는 것으로 간주된다. 도덕적 행위자가 상대방에게 A에 관한 태도를 표현하고 진술하는 것은 상대방의 A에 대한 도덕적 판단을 바꿀 수도 있다. 가령, 도덕적 행위자가 A가 부도덕한 사람이라는 것을 상대방에게 납득시키고자 하지만, 다소 편협한 상대방은 이에 저항할 때, "A는 사실 유대인입니다."라고 말한다면, 도덕적 행위자의 목적은 달성하게 된다. 여기서 표현은 도덕적 행위자들의 태도에 따라 다르게 된다(Rachels, 2006:95). 즉 도덕적 사실이 아닌 것이다. 이처럼 정서주의에 대한 비판은 도덕적 판단에서 도덕적 사실은 정서가 아니라 이성적 판단에 따라야 한다는 것이다.

하지만 이와는 반대로, 정서는 이타적 욕구들을 통해 도덕적 선에 필수불가결한 것이라는 주장이 있다. 예를 들면, 사랑의 도덕적 중요성을 논증하는 데 있어서는 다음과 같이 세 가지 요소들을 동시에 고려해야 한다. 첫째, 사랑을 받는 사람의 안녕이 증진

되어야 한다는 사랑하는 사람의 신념, 둘째, 사람을 위해, 사랑을 받는 사람을 이롭게 하고자 하는 사랑하는 사람의 욕구, 마지막으로 연인들이 각자 서로의 즐거움들과 고통들을 공유하는 도덕적 가치, 그리고 이들이 서로에 대해 갖는 따뜻함을 강조해야 한다. 이와 같은 논의는 근본적으로 정서는 도덕적이라는 견해에서 출발한다(송선영, 2013: 176~177).

이처럼 다소 논의의 주제들이 난해한 정서주의가 로봇공학 일반 분야에 적용될 수 있는 견해는 후자의 입장이 적합하다. 인간과 로봇 간의 공존에서 로봇은 입력된 프로그램을 통해 개별 사용자인 인간과 상호작용을 한다. 주관적인 수준에서 특정한 개별 인간 사용자와 로봇 간의 정서 교류가 아니라 인간적이고 이타적인 도덕적 가치를 전제로 해야 한다. 이를 고려한 기본 적용의 양상은 다음과 같다.

【표 2-9】 정서주의의 기본 적용

<table>
<tr><th>대상 분야</th><th>적용 문제</th><th>적용 범위</th></tr>
<tr><td>로봇 설계자·제작자·관리자</td><td>특수 목적을 가진 로봇 사용자들과 개별적으로 정서적 소통을 할 수 있는 로봇이 가능하다.</td><td rowspan="2">수단으로서의 로봇

우울증 치료 등과 같은 특수한 목적을 가진 분야</td></tr>
<tr><td>로봇 사용자</td><td>특수한 목적으로 개발된 로봇과 정서교류를 통해 로봇 사용자의 정체성을 확인할 수 있다.</td></tr>
</table>

대체로 이러한 기본 적용의 모습은 현재 로봇기술 수준에서 주로 특수한 목적을 요구하는 분야, 예컨대, 유아교육 및 헬스케어 로봇 분야에서 나타날 가능성이 많다. 이를 토대로 한 정서주의의 적용 가능성의 모습은 다음과 같다.

【표 2-10】 정서주의의 적용 가능성

대상 분야	적용 가능성과 논란	적용 범위
프로그램화된 행위자로서 로봇	이타적인 욕구와 도덕적 선의 교류 : 로봇은 정서를 인간과 로봇 간의 관계에서 이타적으로 욕구하고, 도덕적 선으로 확대할 수 있는가?	목적적 또는 목적 가능한 존재로서의 로봇 로봇기술 발달에 따른 지속적인 문제 제기
로봇 설계자·제작자·관리자	정서 입력의 주체, 범위, 관리 : - 특수한 목적을 위한 정서들을 입력하는 것이 가능한가? - 누가 이러한 정서들을 입력하고, 누가 관리할 것인가?	
로봇과 인간 상호작용	로봇과 사용자 간의 정서교류와 정체성 확인 : 로봇 사용자가 로봇을 동등한 인격체로 간주하는 것이 정당한가?	

하지만 여기서 나타날 수 있는 문제는 다음과 같다. 로봇 사용 환자가 우울증 치료를 목적으로 하는 로봇과의 정서교류를 통해 우울증을 치료한다면, 그 로봇에 입력된 정서들은 이타적인 도덕적 가치에 가깝다는 것을 의미한다. 이는 특수한 사용 목적을 가진 로봇이라고 하더라도, 해당 로봇은 우울증을 앓고 있는 인간을

치료한 인간과 대등한 인격적 존재로 간주될 가능성이 크다. 이런 논란은 장기적으로 로봇기술의 발전에서 지속적으로 제기될 수밖에 없는 것이다.

지금까지의 논의를 모두 정리하면 다음의 표와 같다.

【표 2-11】 로봇과의 공존에서 우리가 마주해야 하는 새로운 윤리적 질문들

이론 / 영역	의무론	공리주의	덕윤리	책임윤리	정서주의
로봇 설계자 및 제작자	로봇에게 도덕적 행위자로서 지위를 부여할 것인가?	이윤을 많이 남길 수 있는 로봇을 만들 것인가? 전체 인류의 행복에 기여할 수 있는 로봇을 만들 것인가?	로봇 설계자 및 제작자는 어떤 덕을 갖추고 있어야 하는가?	로봇 설계와 제작이 현재와 미래의 전체 인류에 미치는 영향을 고려해야 할 수 있는가?	어떤 범위까지 로봇의 정서적 소통 능력을 확대할 것인가?

영역 \ 이론	의무론	공리주의	덕윤리	책임윤리	정서주의
로봇 관리자	로봇을 인간과 유사한 도덕적 행위자로서 간주할 것인가?	다양한 수요에서 생산된 로봇들을 어떻게 관리할 것인가?	로봇 설계자, 제작자, 사용자의 덕을 어떻게 지속적으로 계발할 것인가?	누가 책임을 갖고 있고, 책임의 판단은 누가 내릴 것인가?	누가 로봇에게 정서들을 입력해야 하고, 관리할 것인가? 그리고 입력된 정서들은 보편타당한 것인가?
로봇 사용에 따른 피드백	로봇에게 선의지에 따른 프로그램 명령을 어느 범위에까지 입력할 것인가?	로봇기술을 수요에 맞게 발전하는 것이 과연 질적 행복에 기여하는 것인가?	피드백에 따른 로봇기술을 발전시키는 데 있어서 로봇 자체의 반성적 능력을 적용시켜야 하는가?	로봇의 제한적 자율성에 대한 책임의 범위를 고려할 수 있는가?	수요에 따른 정서 입력의 범위를 무조건 받아들여 확대해야 하는가?
로봇 사용자	로봇을 나와 상대방을 위해 사용할 것인가? 로봇을 제한된 범위에서 도덕적 행위자로 대우할 것인가?	반복된 로봇 사용이 결과적으로 그리고 지속적으로 사용자들의 질적 행복에 기여하는 것인가?	로봇 사용이 사용자의 덕성 함양에 도움이 된다면, 일생에 걸친 인간과 로봇의 상호작용은 바람직한 것인가?	사용자와 로봇은 교류의 순간마다 상호 적극적인 윤리적 책임을 질 수 있는가?	사용자와 로봇은 제한된 목적으로 정서교류를 하면서 자기 정체성을 확립하는 것이 가능한가?

III 로봇의 존재론적 지위

1. 로봇의 존재에 관한 기본 스펙트럼

대체로 로봇의 존재론적 지위에 관한 논쟁의 스펙트럼은 다음과 같다.

① 로봇은 자체의 목적성을 가질 수 있다.

로봇기술의 발전 양상을 예측해 볼 때, 최초 로봇은 인간과 함께 공존, 번영할 수 있지만, 기술 발전에 따라 로봇이 인간에 미치는 폐해로 인해, 인간은 로봇에 대한 거부 및 로봇에 대한 통제를

시도할 것으로 예상한다. 하지만 로봇기술의 최종 단계에서 로봇은 인간과 동등한 자유의지를 갖는 로봇사피엔스라는 종의 지위를 가짐으로써 인간과 함께 공존·공생할 수 있는 실존적 지위를 확보할 것이다.

② 로봇은 자체의 목적성을 가질 수 없다.

인간에 의해 로봇은 설계, 제작, 활용되는 도구일 뿐이다. 이러한 로봇의 본질로 인해, 어떤 단계에서도 로봇이 인간과 동등한 지위를 갖는 것은 불가능하다. 로봇 자체의 존재에 관한 문제는 도구적 차원의 문제지 결코 목적적·실존적 차원의 문제가 될 수 없다.

③ 로봇은 준인격체 또는 유사인격체(quasi-personality)의 지위로 인정받을 수 있고, 이 수준에 머물러야 한다.

현재 인간의 로봇기술은 로봇으로 하여금 사물 및 상황에 대한 "인식-판단 및 행위 결정-행위"로 나아가게 할 수 있다. 이러한 로봇의 능력은 로봇 자신이 만들어내기보다는 인간의 기술적 개입에 의해서 가능하다. 즉, 사물 및 상황에 대한 인식, 판단, 행위 결정과 행위는 인간의 다양한 경험들을 토대로 로봇 제작자 및 설계자들이 로봇에 입력한 코드 및 부호에 따른 것이라고 할 수 있다.

④ 로봇은 인간의 통제를 벗어나 인간과 동등한 독립적인 존재가 될 것이다.

미래 로봇은 점차 인공 지능의 능력을 갖추게 되면서, 모든 순간마다 인간의 통제를 받을 필요가 없게 될 것으로 전망한다. 준 인격체의 수준처럼 로봇은 인간에 의해 구성된 판단 및 결정 알고리즘에 따라 마주하게 되는 사물 및 상황에 대해 스스로 대처할 수 있다. 하지만 이와 같은 자율형 지능의 능력 부여에 따라 로봇 스스로 새로운 상황과 사례 등을 수집하고 분석하여 적용하는 능력, 즉, 학습능력을 갖추게 됨으로써 인간과 동등한 존재가 될 가능성도 있다. 하지만 인간은 터미네이터와 같은 영화에서처럼, 이러한 로봇의 출현 가능성에 대해 잠재적인 두려움을 갖고 있다.

그림 3-1 로봇의 발생에 따른 정의

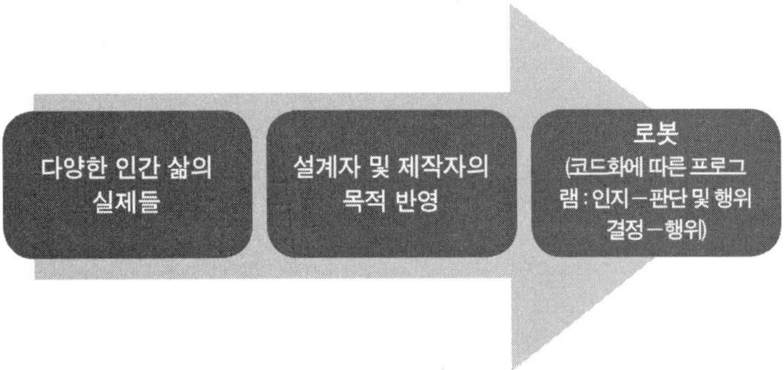

2. 로봇의 제작, 사용 및 활용의 특성

인간의 다양한 실제 삶들을 사용 목적에 따라 부분적으로 코드화 또는 부호화된 로봇의 도구적 특성에도 불구하고, 여전히 로봇 자체의 존재론적 지위 문제가 제기된다. 우리가 이 문제를 간단하게 대답할 수 없는 이유는 바로 로봇이 발생하는 과정 그 자체에서 생겨난다. 다양한 인간 삶의 실제들에서 로봇 설계자 및 제작자가 상황에 따라 부분적인 프로그램이 반영된 로봇을 만들어 낸다고 하더라도, 일상에서 그 로봇을 사용하는 사람들은 바로 사회 구성원 일반이다. 이 수준에서 본다면, 결코 로봇에 대한 존재 자체의 목적성은 용인될 수 없다. 간단히 말해, 수단적 위치에서만 머물러야 한다. 하지만 로봇 자체의 존재론적 문제는 다음의 로봇 설계, 제작 및 활용의 특성에서 비롯된다고 할 수 있다.

첫째, 로봇 제작, 사용 및 활용의 지속성이다. 미래 사회에서 로봇기술이 급격히 발전할 수 있는 계기는 궁극적으로 다양한 삶의 실제들에 대한 개선의 요구에서 비롯된다고 할 수 있다. 이러한 요구가 위험해 처할 수 있는 인간을 대체할 수 있는 로봇 개발의 경우처럼 수단에 불과한 것이라도, 실생활에서 로봇 제작, 사용과 활용은 한 순간에만 머무는 것이 아니라 지속성을 갖고 있다.

둘째, 로봇은 코드화된 프로그램의 지속적인 업데이트를 필요

로 한다. 로봇 사용자들은 주로 일상생활에서 편의상의 기대효과들을 극대화하기 위해 발전된 로봇의 기능들을 요구하고, 설계자들과 제작자들은 이들의 요구들을 공적 또는 사적 이익에 맞춰 기존 로봇의 기술을 한층 더 발전시키고, 동시에 사용자들이 전혀 상상할 수 없었던 기술 발전을 주도한다. 이런 발전 과정에서 로봇은 점차 다양하면서도 보다 심층적인 삶의 실제들에 대한 코드를 부여받고, 기술 발전에 따라 로봇에 대한 인간의 코드 부여는 더욱더 세분화된다.

그림 3-2 로봇의 설계, 제작 및 활용의 특성

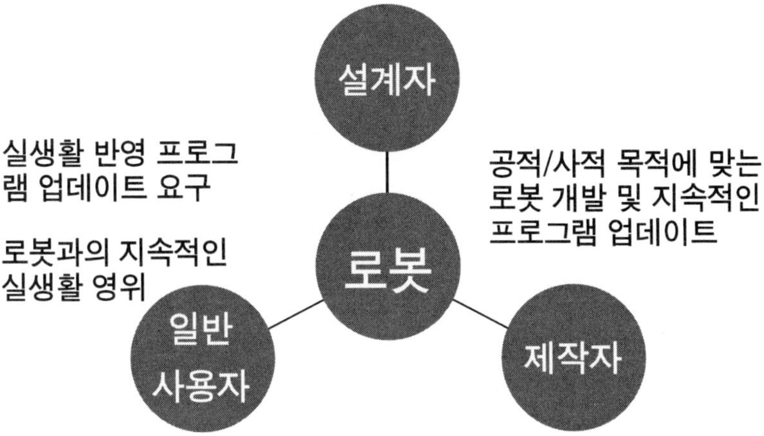

그런데 장기적인 전망에서 로봇의 설계, 제작 및 활용의 지속성과 코드 및 프로그램의 업데이트는 로봇 자체에 대한 존재론적 문제를 일으킬 수 있다. 왜냐하면 로봇이 일상생활의 편의를 위한 수단임에도 불구하고, 로봇으로 인해 사용자(인간)가 로봇에 입력된 코드 및 프로그램에 따라 움직이거나 또는 변화할 수 있기 때문이다.

3. 아시모프의 로봇 3법칙과 법칙 간의 갈등

인간이 로봇과 공존 과정에서 어떤 로봇과 삶을 영위할 것인지, 즉, 어떤 로봇이어야 하는지에 관해 선구적으로 언급된 분야는 윤리학이 아니라 공상과학 소설에서 나타났다. 아시모프(Issac Asimov)는 20세기 중반부터 자신의 소설을 통해 준자율적이고 인간적인 로봇의 출현을 보여주었고, 인간과 로봇의 공존에서 나타날 수 있는 윤리적 문제뿐만 아니라 로봇 자체의 존재론적 문제를 다루었다. 이런 주제는 20세기 후반 「아이, 로봇」의 영화로 잘 알려져 있다. 여기서 아시모프는 인간과 로봇의 공존을 위한 법칙 및 이에 대한 수정 법칙을 제시하였다.

아시모프의 제1법칙은 그의 단편 소설 「*Liar*(1941)」에서 최초로 언급되었으며, 나머지 2-3법칙들은 그의 단편소설 「*Runround*」

(1942)에서 언급되었다. 그 후 아시모프는 『로봇과 제국(Robots and Empire, 1985)』의 63장에서 "법칙 0(Zeroth Law)"을 첨가했다(http://ko.wikipedia.org/wiki/ 로봇공학의 3원칙 참조).

① 1940년대 최초 3가지 법칙

법칙 1 : 로봇은 인간에게 해를 끼쳐서는 안 되며, 위험에 처한 인간을 방관해서도 안 된다.(A robot may not harm a human being, or, through inaction, allow a human being to come to harm.)

법칙 2 : 로봇은 인간에 의해 주어진 명령에 반드시 복종해야 한다. 다만 그 같은 명령들이 법칙 1과 상충되는 경우는 예외로 한다.(A robot must obey the orders given to it by human beings, except where such orders would conflict with the First Law.)

법칙 3 : 로봇은 자기 자신을 보호해야 한다. 다만 자기보호가 법칙 1 또는 법칙 2와 상충되지 않을 때에만 유효하다.(A robot must protect its own existence, as long as such protection does not conflict with the First or Second Law.)

② 1985년 수정된 로봇의 법칙

1985년 법칙이 수정되었다. 어떤 한 명의 인간(human being) 개념보다 더 상위 개념인 집단, 사회, 국가의 개념으로 확장된 인류(Humanity)라는 개념이 상위 법칙으로서 '법칙 0'이 첨가되면서 나머지 하위 법칙들도 다음과 같이 수정되었다.

법칙 0(Zeroth Law) : 로봇은 인류에게 해를 끼쳐서는 안 되며, 위험에 처한 인류를 방관해서도 안 된다(A robot may not injure humanity, or, through inaction, allow humanity to come to harm.)

법칙 1(First Law) : 로봇은 인간에게 해를 끼쳐서는 안 되며, 위험에 처한 인간을 방관해서도 안 된다. 다만 이것이 법칙 0을 위반하는 경우는 예외로 한다(A robot may not injure a human being, or, through inaction, allow a human being to come to harm, unless this would violate the Zeroth Law of Robotics.)

법칙 2(Second Law) : 로봇은 인간에 의해 주어진 명령에 반드시 복종해야 한다. 다만 그 같은 명령들이 법칙 0 또는 법칙 1과 상충되는 경우는 예외로 한다.(A robot must obey orders given it

by human beings, except where such orders would conflict with the Zeroth or First Law.)

법칙 3(Third Law) : 로봇은 자기 자신을 보호해야 한다. 다만 자기 보호가 상위 법칙들과 상충되지 않을 때에만 유효하다.(A robot must protect its own existence as long as such protection does not conflict with the Zeroth, First, or Second Law.)

반면에 고인석(2011: 102~103)은 아시모프의 로봇 3법칙의 의미와 문제점을 제시하고, 그 대안을 모색한다. 1법칙에 따르면, 만약 어떤 사람이 다른 사람들의 생명을 위협하거나 불특정 다수 인간의 건강에 손상을 입히는 행위를 하고 있을 경우, 다수의 안전과 건강을 위해 로봇을 통해 그 사람에게 위해를 입히는 방식으로 그런 행위를 중단시키는 것은 불가능하게 된다. 2법칙 인간의 명령에 복종하는 문제의 경우, 두 인간이 서로 상충하는 명령을 내리는 경우, 누구의 명령을 따라야 하는가에 대한 갈등이 발행하게 된다. 이에 대해서는 인간을 '특정한 자격을 가진 인간'으로 좁힐 수 있지만, '자격'의 일반화 문제 및 '인간이라는 종'의 범위 문제가 다시 제기될 수 있다.

이에 대해 Murphy & Woods는 다음과 같이 수정안을 제시한다(고인석, 2011: 106 재인용).

법칙 1 : 인간은 안전과 윤리에 관한 최고 수준의 법칙 – 전문가적 기준을 충족시키는 인간 – 로봇 작업체계 없이 로봇을 작업에 배치해서는 안 된다.

법칙 2 : 로봇은 그것의 역할에 부합하는 방식으로 인간을 응대해야 한다.

법칙 3 : 로봇에게는 스스로의 존재를 보호할 수 있게끔 하는 충분한 맥락적 자율성이 주어져야 한다. 단, 그런 보호는 앞의 두 법칙과 상충하지 않는 방식의 매끄러운 통제권 전이를 가능케 하는 것이어야 한다.

하지만 고인석은 여기에서도 갈등이 발생한다고 지적한다. 그에 따르면, 화법적 시점(narrative perspective)—누가 누구를 향해 말하는가 – 의 통일성이라는 문제가 발생한다. 즉 누구를 규율하는 법칙에 대해서는 다른 시점을 갖고 있다는 것이다. 그리고 로봇에게 규범을 명령하는 것은 불가능하고, 나아가 인간 – 로봇의 포괄적인 작업체계가 매우 불확실하다는 것이다(고인석, 2011: 107~108).

고인석(2011: 109)은 이러한 아시모프의 로봇 3법칙의 갈등을 해결하기 위해 다음의 수정안을 제시하고 있다.

수정 법칙 1 : 로봇을 설계, 제작, 관리, 사용하는 자는 로봇이 인간에게 적극적인 혹은 소극적인 방식으로 해를 입히지 않도록 설계, 제작, 관리, 사용해야 한다.

수정 법칙 2 : 로봇을 설계, 제작, 관리, 사용하는 자는 첫 번째 법칙과 상충하지 않는 한 로봇이 그것에 대한 명령의 권한을 지닌 인간의 명령에 따라 작동하도록 설계, 제작, 관리, 사용해야 한다.

수정 법칙 3 : 로봇을 설계, 제작, 관리, 사용하는 자는 앞의 두 법칙과 상충하지 않는 한 로봇이 그것의 현존과 그 역할수행능력을 최대한 보존하도록 설계, 제작, 관리, 사용해야 한다.

이는 로봇 3법칙의 주체를 로봇이 아닌 인간으로 해석한 것이다. 왜냐하면 로봇이 가까운 미래에 주체의 지위에 부합하는 속성들을 실현하게 될 가능성은 거의 없기 때문이다. 그래서 로봇이 자율적 주체로서 실천해야 할 규범들이 아니라 로봇을 도구로 사용하는 인간이 이를 평가하는 규준을 지시하는 것이다. 이런 점에서 인간이 로봇을 기획, 설계, 제작, 관리, 사용해야 하는 것이다 (고인석, 2011: 111).

이와 같이 로봇을 어떻게 바라보고 어떤 로봇을 만들 것인지, 그래서 어떤 미래 인간과 로봇의 공존을 확립시킬 것인지에 관한 윤리적 성찰에서 아시모프의 로봇 3법칙은 하나의 완전한 준거점이 될 수 없다. 비록 윤리적 삶의 전망에서 상상의 문학이 우리에게 제공하는 창조적 시야의 혜택이 다양하지만, 우리는 로봇기술 전개에 따라 발생할 것으로 예상되는 문제들과 다양한 행위와 주체의 문제들에 대해 더 심층적으로 접근해야 한다(변순용·송선영, 2013: 18).

4. 인간과 로봇의 소통과 결합

최근에 로봇은 단순한 기계가 아니라, 몸짓, 얼굴표정, 신체언어와 같은 프로그램을 통해 인간과 보다 자연스럽게 의사소통할 수 있고, 나아가 정서표현의 상호작용도 가능하게 되고 있다. 이처럼 인간과 유사한 로봇, 즉 "휴메인(Humaine, Human+Machine)"은 "인간의 정서들을 등록하고, 이들을 전달하며, 사건들의 정서적 관련성들을 이해하는 것"을 목표로 하고 있다(Becker, 2006:39).

그림 3-3 Humaine 연구 기획의 목적

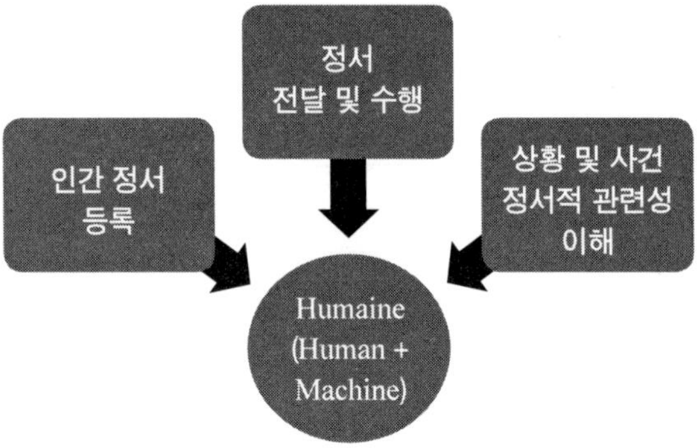

이것의 대표적인 사례는 자폐증 어린이 환자가 대화 및 의사소통을 배울 수 있는(사회성 계발을 목적으로 개발되는) 로봇이고, 어린이를 위한 로봇 장난감의 경우에도 정서적 코드를 등록하는 것도 이미 기술적으로 가능한 일이다. 그러나 로봇기술의 발달과 지속적인 사용에 따라 로봇이 인간의 통제 하에서 조절되고 발전할 수 있다는 점은 동시에 인간의 의지가 투영된 로봇의 인간과 유사한 지위에 대한 논쟁을 더욱더 심화시킬 수밖에 없다.

본질적으로 로봇은 그 자체로 목적성을 결코 가질 수는 없다. 그러나 인간의 로봇 설계, 제작 및 활용의 범위가 미래에서는 인간과의 정서적 상호작용의 영역도 포함된다는 점을 고려한다면, 로봇은 인간의 조절 및 통제의 범위 내에서 다양한 인간 삶의 실

제들을 사용 목적에 맞게 코드 및 프로그램화되어 인간과 상호작용을 할 수 있는 준인격체 또는 유사인격체의 지위를 가질 가능성의 여지가 충분히 있다.

로봇은 인간의 조절 및 통제의 의도가 반영된 코드 및 프로그램화된 자율성을 가질 수 있다. 장기적인 전망에서 로봇이 인간의 조절 및 통제범위에서 인간과 상호작용하고, 특수한 목적에서 정서적 교류가 가능한 준인격체 또는 유사인격체로 간주될 수 있다면, 이에 따른 또 하나의 중요한 윤리적 쟁점은 로봇의 자율성에 관한 논의다. 로봇의 존재론적 지위에 관한 문제와 마찬가지로, 로봇의 준인격체 또는 유사인격체에 따른 로봇의 자율성에 관한 정의는 간단히 말해, 로봇은 준자율성 또는 유사자율성을 갖는다고 할 수 있다.

다음 (그림 3-4)에 나타나는 로봇의 준자율성 또는 유사자율성 형성 과정처럼, 로봇은 다양한 삶의 분야들에서 특수한 사용 목적과 그에 따른 코드 및 프로그램에 따라 활용된다. 비록 이러한 코드 및 프로그램들이 인간의 요구 또는 설계자 및 제작자의 창의적 사고에서 비롯된 것이라고 하더라도, 각 현장에서 로봇은 입력된 매뉴얼에 따라 상황을 판단하고, 사용자에게 즉각적인 대응을 한다. 나아가 이러한 대응은 인간 사용자에 대한 단순한 수동적이고 물리적인 단계(예, 관람객에게 제품 또는 지식을 설명 또는 전달)에서 적극

적이고 정서적인 상호작용의 단계(예, 우울증 또는 자폐증과 같은 정서 및 심리치료를 위해 환자와 정서교류)까지 다양하게 전개될 수 있다.

그림 3-4 로봇의 준자율성 또는 유사자율성 형성 과정

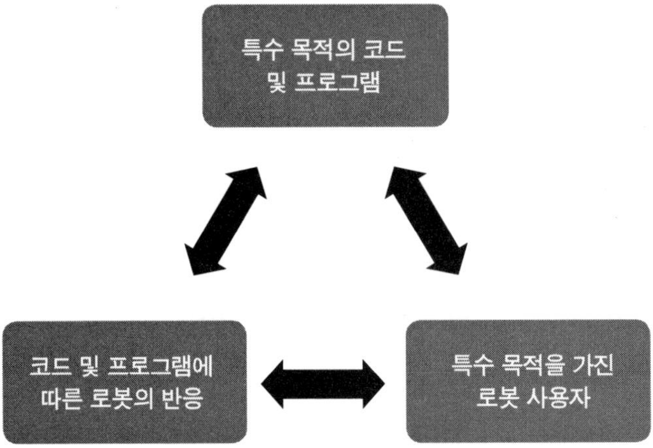

따라서 특수한 현장에서 활용하기 위해 제작된 로봇은 각 상황에서 발생할 수 있는 다양한 실제들에 관한 코드와 프로그램들에 의해 특수 상황을 파악하고, 이해하며, 사용자와의 상호작용을 통해 문제를 해결할 수 있는 준자율적 또는 유사자율적 능력을 갖는다고 볼 수 있다.

5. 로봇의 존재론에 대한 전망

이상으로 로봇의 존재론적 지위(준인격체 또는 유사인격체)와 자율성(준자율성 또는 유사자율성)에 관한 윤리적 쟁점은 로봇이 일정한 상황들에 대해 인간의 대리인으로서 인간의 구성원과 소통할 수 있다는 점에서 비롯된다. 로봇의 설계, 제작 및 활용은 로봇 자체의 문제가 아니라 근본적으로 인간 자체에 관한 문제를 개선하기 위한 노력에 따른 것이다. 이는 넓은 의미에서 로봇은 인간의 도구적 지위에 있는 것을 말한다. 그러나 특수한 범위에서 로봇은 단계적으로 인간의 다양한 실제들에 대한 코드 및 프로그램에 의해 인간과 상호작용을 하는 방향으로 전개된다. 이럴 경우 로봇은 사용 목적에 맞게 입력된 코드 및 프로그램에 따라 인간 사용자들에 대해 직접적인 대응을 해야 하고, 사용자들은 자신의 문제들을 로봇과의 상호작용을 통해 개선할 수 있다. 이는 로봇 사용 및 활용 현장에서 로봇에게 준자율적 능력을 부여한 것을 의미한다. 이런 점에서 로봇 자체는 본질적으로 인간의 도구적 지위를 갖지만, 특수한 실제들의 영역에서는 인간의 삶에 대한 개선의지가 반영된 코드 및 프로그램에 의해 제약된 준인격체 또는 유사인격체의 지위와 준자율적 능력을 갖고 있다고 할 수 있다. 다시 말해, 로봇은 인간의 자유의지가 코드 및 프로그램으로 반영된 행위자(agent)의 지위와 능력에서 활용되어야 한다.

① 행복 실현의 중요한 수단으로 활용, 사회는 상호공존의 장: 공학분야

② 사용 의존도가 높아짐으로써 인간성 파괴: 인문학 분야

③ 가능한 대안: 도구적 지위지만, 준인격체의 준자율적 능력을 지니고 있기 때문에, 궁극적 행복을 실현하는 데 의도된 분야의 삶의 질적 개선에 크게 기여

①과 ②의 의견은 인간과 로봇의 관계에 관해 서로 극단적인 대립을 보인다. 전자의 경우에는 로봇기술의 안정적인 발전을 토대로 인간과 로봇의 낙관적인 상호공존이 가능하다는 견해다. 반대로 후자의 경우에는 수단 및 도구에 불과한 로봇의 사용 범위가 점차 전반적인 인간 생활로 확대됨으로써 로봇 사용에 대한 의존도가 강화되어, 오히려 인간 대 인간의 관계마저 위태롭게 될 가능성을 제기한다.

그러나 로봇 설계 및 제작에 관한 기술 발전은 부인할 수 없는 현실이다. 이는 미래 인간과 로봇의 관계가 위의 두 견해들처럼 상호공존의 시대로 접어들면서도 동시에 인간성(humanity) 자체에 대한 커다란 위협이 될 수 있다는 문제점도 안고 있다는 것을 의미한다. 그렇다면 인간에 의해, 인간을 위해 기술적 발전을 거듭하고 있는 로봇이 어떻게 인간 삶의 궁극적인 목표인 행복을 위해 활용될 것인지, 도덕적 행위자로서의 문제가 남아 있다.

③의 경우 다가올 미래 사회에서 인간은 로봇이라는 새로운 삶의 수단들을 활용함으로써 사회적 삶을 영위할 것으로 보인다. 로봇은 본질적으로 인간 삶의 개선을 위한 도구적 지위를 갖고 있지만, 특수한 목적을 가진 코드 및 프로그램에 따라 실생활의 분야들에서 각각 즉각적으로 인간과 상호교류를 한다는 점에서 일정한 수준의 준인격체의 준자율적 능력을 수행한다. 이러한 사회적 삶의 양상은 다음의 그림 3-5 로 정리할 수 있다.

그림 3-5 인간과 로봇의 관계에 따른 사회적 삶의 양상

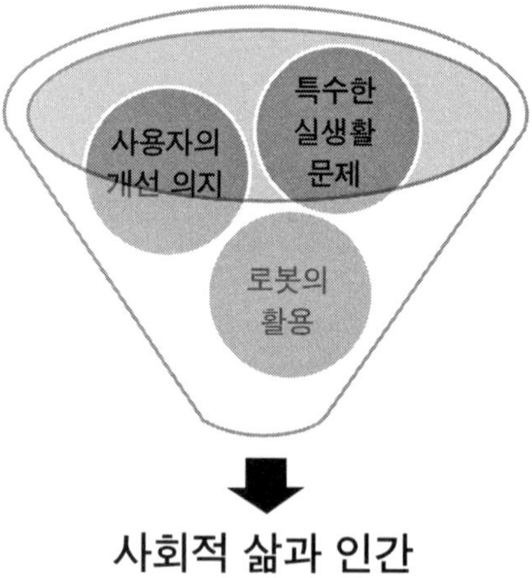

인간은 '행복'이라는 역사적이고 지속적인 삶의 목표를 실현하기 위해 끊임없는 진보를 추구해 왔다. 이러한 실현 과정에서 인간은 시대에 따라, 상황에 따라, 사회에 따라 서로 다르게 제기되거나 형성된 문제들에 대해 각각의 해결책 또는 대안을 추구하였다. 이런 점에서 볼 때, 인간이 어떤 수준에서든 로봇을 사용함으로써 로봇과 함께 사회적 삶을 영위하는 문제는 현재 우리가 어떻게든 해결해야 하는 것이다. 이러한 문제 인식은 바로 우리의 미래 삶에 대한 '시대 정신'의 발로인 것이다.

로봇은 특수한 실제들에 대한 입력된 코드 및 프로그램에 따라 상황을 인식하고, 판단하며, 인간과 즉각적인 상호교류를 할 수 있다. 즉, 준인격체의 준자율적 능력을 발휘할 수 있는 도덕적 행위자의 역할을 수행할 수 있다. 이는 로봇의 행위 자체가 인간과 상호교류를 통해서 가능하기 때문에, 로봇 사용자들은 관련된 로봇에 대해 일정 수준의 도덕적 지위를 부여할 수 있다는 것을 의미한다. 나아가 로봇 사용자들은 이러한 상호작용의 관계에서 자신들의 문제점들을 해결하고, 스스로를 변화시킬 수 있는 계기를 마련할 수 있다(ex, 정서 및 심리치료 목적을 위한 대화형 로봇). 이는 로봇이 사용자들에 의해 일정한 지성적 능력을 발휘할 수 있다는 것을 의미한다.

그림 3-6 도덕적 행위자로서 로봇에 대한 의미 부여 양상

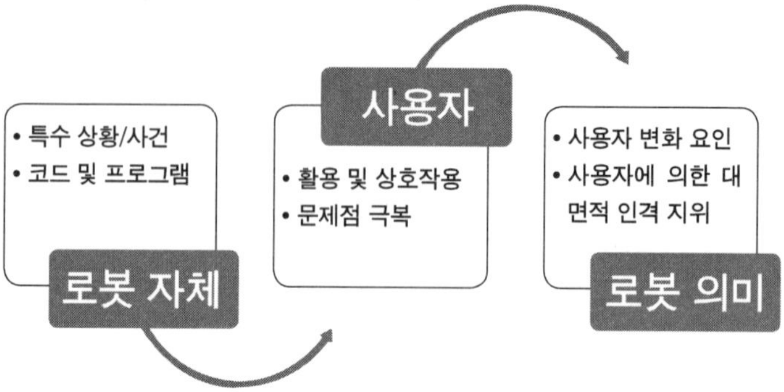

이상의 로봇의 존재론적 지위에 관한 논의들은 인간과 로봇의 관계에 관한 최초의 원칙, 아시모프의 로봇 3원칙의 논의와 같은 맥락에 있다. 비록 아시모프의 로봇 3원칙이 윤리적 고려에서 출발하지 않았다고 하더라도, 로봇의 인간을 위한 보호와 의무, 특히 자기 보존에 관한 문제 인식은 지속적인 해결 과제로 남아 있을 것이다.

IV 분야별 미래 시나리오에 대한 윤리적 쟁점과 대응

1. 분야별 적용에서 로봇윤리의 양면성[1)]

로봇윤리가 우리 삶의 각 분야에서 일관된 윤리학적 성찰을 진행하는 데 있어서 가장 큰 걸림돌은 분야별로 윤리적 고려의 적용이 서로 다르게 드러난다는 것이다. 이 원인은 분야별로 이루어지는 로봇윤리 연구가 윤리학적 성찰을 우선적으로 고려하는 것이

1) 변순용·송선영(2013), 7쪽~15쪽, "III. 분야별 접근에 따른 로봇윤리의 양면성"을 수정·보완한 부분임.

아니라, 주로 로봇공학의 기술적 전개에 우선적 가치를 두기 때문이라고 할 수 있다. 이로 인해 우리는 각 로봇기술 분야에 따라 서로 다른 로봇윤리의 견해를 가질 수도 있다. 가령, 무인자동차가 상용화될 경우, 노약자 등에 대한 사회복지의 질적 증가와 더불어 새로운 폭탄 테러 무기의 등장을 우려하는 이유는 무엇인가? 소형 무인항공기를 통한 택배시스템의 개선이 가져올 생활의 편의성에 대한 기대와 더불어 프라이버시 노출은 더 심각해질 것이라고 우려하는 이유는 무엇인가? 이처럼 기술 중심의 로봇의 적용에 따라 향후 전개될 인간과 로봇의 공존에 관한 윤리적 쟁점과 그 대응은 서로 다른 모습을 가질 수 있다. 이에 우리는 무엇보다 각 분야별 미래 시나리오에 대한 윤리적 성찰 과정에서 나타날 수 있는 로봇윤리의 양면성을 이해하는 것이 중요하다.

1) 동일한 가치의 적극적 적용과 소극적 적용

분야별 로봇의 생산과 활용이 인간 삶에 미치는 영향에 관한 윤리적 탐구에서 가장 먼저 나타나는 문제가 바로 동일한 가치가 어떻게 적용되느냐에 따라 로봇 생산과 사용에 관하여 전혀 상반된 주장이 나타날 수 있거나 상반된 주장의 동일한 근거로 활용될 수도 있다는 점이다. 이런 문제가 가장 잘 나타나는 분야가 군사용 로봇, 특히 무인 전투기(Unmanned Combat Aerial Vehicles, UCAVs)

개발[2]과 관련해서 가장 잘 나타난다.

현재 군사용 로봇 개발과 관련해서 전반적으로 나타나는 쟁점 분야들을 다음과 같이 도표로 정리할 수 있다.

【표 4-1】 군사용 로봇의 활용에 따른 주요 논쟁의 양상[3]

범주	쟁점 원인	쟁점 내용
법적 수준	책임	누구의 책임인가?
	명령 거부	비인간적인 명령을 거부할 수 있는가?
	안전과 위험	지속적인 위험을 감수하고도 계속 사용해야 하는가?
공정한 전쟁 수준	공격 결정	누가 공격을 결정하는가?
	전쟁의 용이함	전쟁 억지력을 강화하는가? 오히려 약화하는가?

2) 현재 무인 전투기는 세계의 50여 개국에서 개발했거나 개발하고 있는 것으로 파악된다. 미국(Predator, Sky Warrior, Hunter, Reaper, UCAS−D), 이스라엘(Harpy, Cutlass), 이란(Ababil−T), 영국(Corax), 프랑스(nEUROn), 독일(Barracuda), 러시아(Skat) 등의 무인 항공기 및 전투기가 대표적인 사례들이다. 이 무인 시스템이 윤리적 고려의 대상이 되는 이유들은 복합적이다. 이로 인해 20세기 후반에 전개되었던 재래식 군축과는 별개로 잠재적인 적에 대한 기술적 우위의 확보라는 명분에서 새로운 군비 경쟁이 유발되고 있고, 강력한 핵무기를 탑재할 수 있으며, 오히려 테러에 역이용될 수 있기 때문이다(Jürgen Altmann, 2009: 72~73).

3) 여기에는 군사용 로봇 활용에서 발생할 수 있는 많은 주요 논쟁들을 보여주고 있다. 이들을 도표로 활용하였다(Lin, Bekey, and Abney, 2009: 55~65).

범주	쟁점 원인	쟁점 내용
공정한 전쟁 수준	교전 규칙의 준수	교전 규칙을 준수할 수 있는가? 민간인 보호를 위해 군사용 로봇을 포기할 것인가?
기술적 수준	대상의 식별과 판단	인간보다 더 정확한 목표 대상을 식별할 수 있는가?
	오류 가능성	기술적으로 완벽한 로봇이 가능할 것인가? (오류 검증 과정에서 발생하는 위험과 피해를 어쩔 수 없이 부담해야 하는가?)
	통제력 상실 가능성	해킹 등으로 인한 통제력 상실이 발생할 수 있지 않은가?(자기 파괴의 기능을 부과해야 하는가?)
	확실한 명령 수행을 위한 안전장치	정당한 명령권자 이외의 부당한 명령을 거부할 수 있는 안전장치를 마련할 수 있는가?
	윤리적 구조 적용의 혼란	어떤 윤리 이론을 프로그램화 시켜야 하는가?
	통합 공격	로봇들을 통합적으로 활용한 공격의 극대화에 따른 오류와 피해의 가능성이 정비례한다.

범주	쟁점 원인	쟁점 내용
인간과 로봇의 관계 수준	분대 단결의 효과	비인도주의적 행위를 막을 수 있으면서도 동시에 분대원의 단결력을 약화시킨다.
	자기방어 능력	로봇이 인간을 해치지 않는 범위에서 로봇이 자기방어적이라면, 로봇을 해치는 시도에 대해서 자기방어 능력도 가져야 하는 것이 아닌가?
인간과 로봇의 관계 수준	신뢰 쌓기	전쟁 수행 과정 및 전쟁 이후 시민들로부터 신뢰를 받을 수 있는가? 로봇만으로 치안 및 질서 유지 확보가 가능한가?
사회적 수준	성 문제 해결	전쟁 중 여성들에 대한 강간, 성적 노예와 같은 만행이 재현되지 않는다.
	비대칭 전쟁	전쟁에서 승리를 위해 화학전 등 일시에 초토화시킬 수 있는 새로운 형태의 전쟁의 시도가 증가할 수 있다.
	군사용 로봇 확산	핵무기 확산처럼, 국가별로 자국 방어의 명분하에 극단적인 군사용 로봇이 확산되고 있다.
	우주개발 경쟁	탐사가 아닌 군사용 목적으로 우주공간 확보 경쟁
	기술 의존	기술 의존도가 높아짐에 따라 노동하는 인간의 지식 기술을 일부 상실할 수도 있다.

범주	쟁점 원인	쟁점 내용
사회적 수준	시민 안전과 사생활 침해의 문제	군사용 로봇의 오작동으로 인한 시민의 생명 위협, 로봇 감시에 따른 사생활 침해의 문제가 제기될 수 있다.
기타 미래 수준	정당화 도구로서 윤리 문제	국방 관련 조직들이 군사용 로봇을 개발하기 위해 다양한 윤리적 절차, 이슈들을 윤리학자의 문제로만 국한시킴으로써 자신들의 책임 회피 및 윤리를 정당화 도구로 활용할 위험이 있다.
	권리의 문제	자율적 기능이 강화되면 될수록, 로봇 자체의 권리 요구의 문제가 발생할 수 있다. 이는 기업과 같은 집합체에 권리를 부여하는 것과 큰 차이가 없을 수도 있다.
	예방 원칙	자율적인 로봇이 수행할 수 있는 위험들을 예방할 수 있는 완전한 조치를 취할 수 있을 때까지 기술 발전을 보류시켜야 한다.

이 외에도 군사용 로봇과 관련된 문제들은 기술 자체의 결함 또는 오류의 가능성뿐만 아니라 인간의 로봇 사용의 측면에서, 나아가 미래 삶의 전망에서 다양하게 제기될 수 있다. 이는 적어도

군사용 로봇과 관련된 로봇윤리의 쟁점들이 단순히 규범적 수준에서만 국한될 수 없다는 점을 보여준다. 그럼에도 불구하고, 인간의 로봇 제작 및 사용에 적용되는 윤리적 가치들은 매우 확고한 이론적 적용의 틀 속에서 구현되기가 다소 어려워 보인다. 특히 어떤 특정한 윤리적 가치가 전혀 상반된 주장을 전개하는 데 매우 강력한 근거로 활용될 수 있다.

예를 들면, 무인 전투기는 전쟁에서 인도주의적 가치를 실현할 수 있는 유용한 도구로 간주되기도 한다. 전쟁에서 아군과 무고한 민간인 사망자 수를 현격히 줄일 수 있다는 것이다. 하지만 실제로는 무고한 민간인의 수는 무인 전투기의 출격 횟수와 정비례 관계로 증가했다고 본다.[4] 이런 사실에도 불구하고, 무인 전투기 활용 국가들은 인간 조종사가 안락한 의자에 앉아 원격 조종을 통해 무인 전투기를 조종함으로써 적군을 살상하는 것, 아군의 생명 보호뿐만 아니라 무고한 민간인의 생명 보호와 피해를 최소화하는

4) 비록 정확한 피해 조사 보고는 군사기밀이라는 명분하에 전혀 공개되지 않고 있다. 하지만 2004년에서 2007년까지의 한 조사에 따르면, 이라크에서 연간 미군의 공중 공격 횟수는 285회에서 1,119회로 증가하였고, 아프가니스탄에서는 6,495회에서 12,775회로 증가하였다. 이와 동시에 2003년에서 2007년 사이의 무인 전투기(UCAVs)의 비행 시간도 세 배로 증가했던 반면, 이 두 나라에서 감시 비행의 횟수는 단지 약간 증가 수준에 그쳤다. 그러므로 무인 전투기에 의한 공중 공격은 최근에 급격히 증가했다고 한다. 그리고 이른바 '부수적 피해(collateral damages)'의 횟수도 매우 많다. BBC는 아프가니스탄에서 "정부의 승인에 따른 군사력의 의한 시민 사상자가 증가하고 있다.—올해 들어 지금까지 577명에 이른다. 작년의 같은 기간에서는 477명이었다. 3분의 2이상이 공중 공격에서 비롯된 것이었고, UN은 피해에 관한 독립적인 판단을 요청하고 있다. 그래서 생존자들과 가족들이 보상을 받을 수 있게 되었다."고 했다(Webber, 2009: 84~5 재인용).

것이 적어도 전쟁에서 무인 전투기 사용의 인도주의적 조치에 부합하는 것으로 간주한다(Altmann, 2009: 75).

그런데 군사용 로봇 활용에서 윤리적 가치는 그 적용 강도와 수준에 따라 전혀 상반된 주장의 동일한 근거로 활용될 가능성도 있다. 정의로운 전쟁에서 개전–수행–전후 관리를 위해 무인 전투기를 지속적으로 개발해야 하는 문제를 검토해 보자.[5]

'정의'와 '인도주의'를 적극적으로 적용하게 되면, 고성능 무인 전투기 개발 및 활용은 지속되어야 한다. 무인 전투기가 개발되면 될수록, 전쟁 억지력을 강화함으로써 최후의 수단으로서 전쟁이라는 전쟁 개전의 정의에 부합하고, 또는 전쟁이 발발해서 전쟁 수행에서도 무고한 희생을 최소화한다는 점에서 전쟁 수행에서의 정의에 부합하고, 또는 전쟁 종식 이후의 점령지의 질서 및 치안 유지 등 인도주의적 가치 실현에 도움이 된다는 점에서 전쟁 종식 이후의 정의에도 부합하기 때문이다.

이와는 반대로 '정의'와 '인도주의'를 소극적으로 적용하게 되면, 고성능 무인 전투기 개발 및 활용은 중단되어야 한다. 무인 전투기가 사라지면 사라질수록, 최후의 수단으로서 전쟁 가능성이

---

5) 여기서는 세 가지 차원으로 전개된 Michael Walzer의 정의로운 전쟁 이론에 적용해 보고자 한다. 그의 전쟁 이론은 첫째, 유스 아드 벨룸(jus ad bellum), 전쟁을 개전함에 있어서의 정의의 영역이며, 둘째, 유스 인 벨로 (jus in bello), 전쟁 수행 과정에서의 정의의 영역, 그리고 마지막으로 셋째는 유스 포스트 벨룸(jus post bellum), 즉 전쟁 종식 이후의 정의의 영역으로 전개되어 있다(박찬성, 2011: 88).

더욱 약화된다. 최후의 수단으로서 전쟁이라는 전쟁 개전의 정의에 부합하거나 전쟁이 발발해서 오폭에 따른 무자비하고 무고한 희생자들을 줄임으로써 전쟁 수행에서의 정의에 부합한다. 또는 점령지의 시민들의 자발적인 참여를 통한 질서 및 치안 유지가 전개될 수 있다는 점에서 전쟁 종식 이후의 정의에도 부합한다.

이처럼 군사용 로봇은 어떤 윤리적 가치가 로봇 활용을 위해 적용되는 양상에 따라 전혀 상반된 주장이 전개되면서도 동시에 상반된 주장의 동일한 근거로 활용되는 대표적인 분야라고 할 수 있다. 현재 기술발달 수준을 고려할 때, 군사용 로봇의 발달을 제어할 수 있는 어떤 강력한 국제적인 장치는 거의 없다. 이런 점에서 볼 때, 이와 같은 양면적인 적용 모습은 거의 모든 로봇 활용 분야에 적용될 가능성이 매우 크다고 할 수 있다.

2) 결과의 우월성

로봇 활용에 관한 윤리적 고려의 양상이 양면적인 모습을 갖는 또 다른 이유는 이미 로봇공학의 발달 자체 과정에 이미 내재하고 있다고 할 수 있다. 각 분야별로 로봇의 기술 개발과 실생활의 적용은 인간 생활의 편리성과 효율성의 목적에 따른 것이라고 할 수 있다.

미국은 군사용 로봇 개발에 많은 예산을 지출하고 있고, 2001년부터 단계적으로 무인 군사용 로봇 시스템 구축을 확대

하고 있다. 미국 의회는 2010년까지 항공기의 3분 1을 무인화하고, 2015년까지 지상전투 수단의 3분 1을 무인화하는 것을 목표로 삼고 있다. 그리고 미국 국방부는 무인 시스템 로드맵 2007~2032(Unmanned Systems Roadmap 2007~2032)에 따라 모든 네트워크 공유를 통해 정보처리가 가능한 무인 시스템을 단계별로 개발하고자 한다(Jutta Webber, 2009: 85). 이처럼 군사 분야에서 무인 시스템의 정착은 초기 개발 비용이 많이 들지만, 다양한 이익들을 가져다준다. 예를 들면, 군이 인간 군인들을 희생하지 않고서도 무인 시스템 및 로봇을 통해 소기의 전투 목적을 달성할 수 있고, 생명의 안전을 극대화할 수 있다는 것이다. 또한 전투 군인들의 반인도주의적 범죄 행위도 예방할 수 있기 때문에, 정치적 비난으로부터도 자유로울 수 있다는 것이다(Altmann, 2009: 79).

교육용 또는 케어(care) 로봇도 이와 비슷한 맥락이다. 현재 일본과 한국에서는 유아용 로봇 분야에서 '유모'의 기능까지도 담당하는 로봇이 경쟁적으로 개발되고 있다. 이 로봇들은 유아용 게임뿐만 아니라, 퀴즈, 음성 인식, 얼굴 인식, 제한적으로 프로그램에서 대화 반응에 이르기까지 단순한 게임에서 교육 및 케어 능력까지도 일부 수행할 수 있다. 그리고 일본에서는 고령화 시대에 노인의 보호 문제를 해결할 수 있는 로봇들도 상품화되어 판매되고 있다. 예를 들면, 세콤(Secom)의 마이 스푼(My Spoon) 로봇, 산요(Sanyo)의 욕조 로봇, 미츠비시(Mitsubishi)의 와카마루(Wakamaru)

로봇은 각각 먹여주고, 씻겨주고, 관찰하며 메시지 전달 및 약 복용을 상기시켜주는 자율적 기능을 수행하고 있다(Nolel Sharkey & Amanda Sharkey, 2012: 267). 이와 같은 케어 로봇은 현재 가격이 비싸게 형성되어 있다고 하더라도, 많은 수요가 있으리라 기대된다. 특히 맞벌이를 하면서 자녀를 돌보거나 부모를 돌보는 데 많은 어려움을 겪는 부부들에게 매우 유용할 수 있다.

이런 맥락에서 본다면, 로봇 활용에서 우리가 고려해야 할 윤리적 사항들은 그 범위가 다소 한정되어 있다고 할 수 있다. "어떤 로봇을 개발해야 할 것인가?", "인간은 어떤 로봇을 필요로 하는가?"와 같은 질문들은 결국 "어떤 로봇 산업이 경제적 이익을 창출하는가?"와 밀접한 관계를 맺고 있다. 이러한 전망에 따라 로봇 산업은 몇 가지 주요 분야들에 국한되어 전개되고 있고, 이에 따라 로봇 활용 시장이 형성될 것이다. 여기서는 윤리적 성찰이 우선적 고려 대상이 아니다. 예컨대, 군사용 무인 시스템의 정착은 보편적인 인류애의 실현에 기여하는 것인지, 또는 교육용 및 케어 로봇과 제한적으로 보호를 받으며 상호 소통하는 유아 및 노인의 실존적 자기 확인의 문제는 전혀 없는 것인지와 같은 문제가 우선적인 것이 아니다. 그러므로 로봇윤리의 고려 사항들은 어떤 분야에 이미 개발된 로봇이 결과적으로 이익이 되기 때문에, 로봇 제작 및 사용 자체에 관한 윤리적 성찰에 관심을 갖기보다는 해당 분야에서 발생할 수 있는 다양한 실제 문제들에 대해 상황에 따라

일시적, 선택적, 양면적인 처방들로만 다루어질 가능성이 매우 크다고 할 수 있다.

3) 개별 사례 중심의 일반화

이상의 내용에서 볼 때, 기존의 로봇윤리 연구는 대체로 응용윤리의 한 분야로서 체계적인 이론 적용의 구조 속에서 진행되었다기보다는 개별 분야의 기술 발달에 따라 발생했거나 예상되는 문제들에 직접적으로 대응하면서 발전하였다. 주요 로봇 산업 분야로는 관련 로봇기술 발달에 따라 대체로 다음을 들 수 있다. 제조용/산업용 로봇, 메디컬/헬스 케어 로봇, 서비스 로봇, 네트워크 로봇, 실외/탐사 로봇, 군사 로봇, 휴머노이드 로봇, 교육용 및 엔터테인먼트 로봇 등으로 구분된다(제어로봇시스템학회, 2010: 67). 이들 가운데 현재 실제에서 모든 사람들이 사용할 수 있도록 상용화가 실현된 로봇들은 군사용, 의료용, 교육용, 케어 및 서비스 분야들에서 활용되는 일부에 불과하다. 대부분 분야들에서 로봇기술은 거의 상용화 이전 단계로서 2020년에서 2030년에는 모든 분야들에서 로봇들의 활용이 가능하다는 전망이 우세하다.

이러한 전망은 현재 수준에서 논의되고 있는 로봇윤리의 수준에도 결정적인 영향을 미친다. 분야별로 예측된 로봇의 활용 수준이 미래 인간 삶의 모습과 수준을 결정짓기 때문이다. 이런 과정에서 로봇윤리는 통합적인 연구의 고리를 갖기보다는 각 분야별

로 제시된 미래 모습에 따라 발생할 수 있는 각각의 문제들만을 다루는 경향이 있다.

제조용/산업용 로봇은 입력된 자동화 프로그램에 따라 제품을 조립, 생산, 운반을 하고 인간 관리자의 조작 관리를 받는 단계에서 벗어나, 공정 과정에서 이상 물체 또는 변수를 인식하고, 수집된 통계 자료를 활용해서 스스로 그 문제를 해결할 수 있다고 전망된다. 이로 인해 인간의 일자리가 오히려 줄어드는 것인지 아니면 인간을 위한 새로운 일자리가 창출되는 것인지가 주요 쟁점이 되고 있다. 메디컬/헬스 케어 로봇은 사회적 고립을 자초하는 것인지 아니면 사회성을 유지하기 위한 새로운 대안이 될 수 있는지가 쟁점이 되고 있다(Sharkey and Sharkey, 2012: 273). 서비스 로봇과 네트워크 로봇의 경우에는 주로 정보사회 윤리에서 발생하는 쟁점들과 유사한 안전과 프라이버시 침해의 쟁점이 있고, 탐사로봇의 경우에는 자원과 지속 가능한 개발의 쟁점이 있으며, 군사 로봇의 경우에는 오작동에 의한 무고한 시민의 희생의 문제가 언급되고 있다. 교육 및 엔터테인먼트 로봇은 주로 현재 상용화되면서 등장한 문제로 빈부 격차에 따른 접근성의 문제, 중독 등의 문제가 다뤄지고 있다.

휴머노이드 로봇 분야는 미래 로봇 산업을 보여주는 가장 대표적인 분야다. 이 분야는 로봇 및 로봇윤리를 이해하는 데 있어서 중요한 분야다. 모든 로봇 관련 기술의 집약이 이 분야에서 적용

되고 있기 때문이다. 즉, 분야별로 외형적으로 보이는 로봇의 형태는 다르다고 하더라도, 기술적으로는 모두 하나로 통합되고 있는 양상을 보인다는 점이다. 이른바 인공 지능(artificial intelligence) 및 인공 정서(artificial emotion) 등을 구현할 수 있는 체계로 연결된다. 현재 휴머노이드 로봇은 인간처럼 말을 할 수 있거나 말을 인식할 수 있는 능력을 가질 수 있다. 인간과 유사할수록 로봇에 대한 감정적 대응도 증가하였다. 그래서 휴머노이드 로봇은 사용자들에게 어떤 위험 없이 주거 공간들에서 인간과 함께 생활할 수 있는 기술적 진보로 나아가는 추세다. 새롭게 개선된 센서(로봇들은 주변 환경들을 완벽하게 인식할 수 있다)를 갖추고, 음성을 통해 인간과 의사소통할 수 있으며, 사람들과 사회적 상호 교류할 수 있는 기술을 갖추기 시작하고 있다(Bekey, 2012: 25~26). 이런 점은 로봇공학자들 사이에서도 로봇이 과연 무엇인지를 정의내릴 수 없게 만드는 요인이다. 반대로 말해, 로봇이 과연 무엇인가에 관한 정의는 관련 기술의 발달 정도에 따라 다소 변경될 수 있다고 할 수 있다. 따라서 휴머노이드 로봇 분야에서 언급되는 윤리적 쟁점들은 현재 수준에서는 인간과 로봇의 의사소통의 쟁점, 예컨대, 우울증 치료를 목적으로 주입된 정서를 토대로 인간 환자와 대화를 하는 것이 환자를 위해 또는 미래 인류를 위해 올바른 것인가 또는 바람직한 것인지의 문제가 언급되고 있지만, 미래 수준에서는 로봇의 모습에 따라 제기될 수 있다

이처럼 분야별로 전개되는 로봇기술과 이것의 실제 삶의 적용에 대한 윤리적 성찰 문제는 일관된 윤리 이론의 틀에서 전개되지 못하고 있다. 이 이유들은 다음과 같다. 첫째, 로봇 개념의 혼란이다. 로봇을 컴퓨터와 같이 인간 삶을 편리하게 해 주는 단순한 기계 및 수단으로 간주하기에는 모호하다. 왜냐하면, 로봇 개발 기술이 인간의 지능과 정서도 구현할 수 있기 때문이다. 둘째, 기존의 로봇윤리 연구가 주로 공학자들에서 진행되어 왔다는 점에서 주요 개념에 대한 이해의 혼란이 보인다. 예컨대, 로봇공학에서는 프로그램으로 입력된 지능, 정서 코드가 로봇의 '자율적(autonomous)' 인식, 판단, 행위의 원천으로서 작용하지만, 윤리학 및 인문학에서 이는 로봇의 '자동적(automatic)' 프로그램일 뿐이라는 인식이 강하다. 셋째, 분야별로 매우 다양한 로봇들이 개발되는 모습에서 비롯된 혼란이다. 로봇은 인간들의 일상적인 삶의 거의 모든 분야에서 각각 개발되어 활용될 수 있기 때문에, 각 로봇 활용에 따른 서로 다른 문제가 개별적으로 발생할 수밖에 없다. 마지막으로, 로봇윤리는 현재의 문제에 대한 반성이 아니라 미래 발생 가능한 문제에 대한 상상력을 필요로 한다. 인간과 로봇의 본격적인 공존이 이제부터 시작되기 때문에, 다양한 문제들은 주로 현재가 아니라 미래의 로봇을 상상하면서 제기되고 있다. 이런 점에서 서로 다른 분야의 독특하고 중요한 문제들이 끊임없이 제기되고 있다. 이와 같은 요인들로 인해 로봇윤리는 개별적 사례

들을 중심으로 전개되고 있는 양상이 강하고, 특히 일관된 그리고 포괄적인 성찰보다는 개별 사례에서 발생할 수 있는 문제들에 대한 처방적이고 규범적인 대응에서 머물고 있다.

2. 주요 국가별 로봇기술의 발전 로드맵

현재 대표적인 로봇기술 선진국에 속하는 유럽연합, 미국, 일본은 각자의 국가별·분야별 특성과 관심에 따라 독자적인 로봇을 개발하고 있다. 미국의 경우에는 주로 군사용 로봇 분야의 발전이 주를 이루고 있고, 특히 2020년까지 육·해·공 분야에서는 자율형·지능형 무인화 비율을 높이고 있다. 유럽에서는 인간과 로봇의 공존에 기초하여 인간적인 로봇, 건강, 의료, 복지 수준에서 다양한 지능형 로봇들이 개발되고 있다. 또한 일본에서도 휴머노이드 로봇을 비롯, 다양한 분야들에서 지능형 로봇들이 개발되고 있다. 이처럼 가까운 미래에 일상에서 개별적으로 초경량 무인비행기를 운영하고, 식당에서 인간의 모습을 갖춘 지능형 로봇의 서비스를 받으며, 무인자동차로 만들어진 택시를 타는 모습을 그려 보는 것은 더 이상 불가능한 상상이 아니다.

로봇윤리는 향후 로봇기술과 로봇이 인간 삶의 분야에서 실현될 것으로 보이는 기대와 더불어 전개될 수밖에 없다. 로봇을 개

발 하고 상용화한다는 것은 곧 우리 삶의 심각한 문제들을 제거하고 새로운 변화를 이끄는 인간 의지를 반영하여 결과를 도출하는 과정 자체다. 여기서는 유럽, 미국, 일본의 로봇기술 양상을 검토하면서, 대표적인 로봇기술 분야가 어떤 미래를 준비하는 지를 검토할 필요가 있다. 이에 대해 우리는 적어도 현재의 윤리적 쟁점이 무엇이고, 이에 이론적 간격들이 무엇인지를 질문해야 한다. 나아가 이를 통해 다가오는 미래에 우리의 삶이 어떻게 변할 것인지를 고려한 분야별 시나리오에서 인간 로봇의 공존에 대한 새로운 윤리적 쟁점과 그 해결책을 준비할 필요가 있다.

현재 주요 국가, 특히 유럽연합, 미국, 일본의 로봇기술을 전개할 때 고려하고 있는 실제 윤리적 문제들, 로봇기술의 발전 전망 등에 관한 내용들은 다음의 도표들로 정리할 수 있다.

【표 4-2】 EURON[6]의 로봇기술과 윤리

분야	종류	장점	문제점	권고 방향
휴머노이드	인공정신, 인공몸체	힘든 노동 대체 및 환경제약 극복 세련된 인간과 로봇 상호작용 가능 고령화, 교육, 오락 등에 적용	로봇내면 평가 시스템(평가 및 행동 절차의 오류 가능성) 사용자의 나쁜 의도 개입 경제 분야에서 인간 대체 및 심리적 영향에 따른 의존성	기술표준화 로봇자율통제 시스템
생산 시스템	산업용 로봇	생산성, 품질 향상 소형 장치 제작 비인간적 노동 대체	일자리 감소 기술 의존성	복지정책(노동자순환) 기술교육 프로그램
적응형 로봇	실내 서비스 로봇(청소, 보모 등) 유비쿼터스 로봇	삶의 질 향상 안전 및 보안 향상	기술 중독, 로봇의 예측 불가능한 행동 잘못과 범죄에 대한 책임 소재 불분명 로봇화 환경에 따른 인간의 심리적 문제	안전과 보안 기준 개정 지능 환경과 사적 자유 대립 해소 외로운 사람에 대한 정신건강 감시

---

6) 유럽 로봇 연구 네트워크(EUropean RObotics research Network): 유럽의 로봇 관련 산업체 및 연구소, 연구자의 연계를 목적으로 하는 기관으로서 유럽이 로봇공학 발전에 주도적인 역할을 담당하고 있다.

분야	종류	장점	문제점	권고 방향
네트워크 로봇	인터넷 로봇 (웹기반 연결 시스템) 로봇 생태학 (분야별, 지역적 업무 동시 수행)	복잡한 업무 수행 및 효율 향상 큰 규모 관리 풍부한 대체 및 교체 가능성 그룹 임무 수행을 통한 신뢰성	로봇팀 행동의 예측 불허 범죄 등의 책임 소재 해커의 개입 가능성	국제적 수준의 내고장성 표준 개정
실외 로봇	육지, 해양, 하늘, 우주 등 탐험	인간 생존 불가능한 지역 또는 위험 지역에서 작업	인간 외에 다른 종의 삶에 위협 기술 중독 및 악용	생태계 전반의 영향 연구 기술 영향 연구
헬스 케어	수술, 바이오, 마이크로 및 나노	의학 및 생물 분야에서 정확도와 정밀도 향상 삶의 질 향상, 의료 관련 기술 복원	로봇 시스템 설치 비용, 의존 가능성 문제 기술적 고장	생명 윤리 강화 안전성과 신뢰성 확보
군사 로봇	지능형 무기, 로봇 군인, 초인간	전략과 전술 우위 윤리적 무감정 대응 인간의 사상자 감소	상황 관리 능력 부재 로봇 통제의 예측 불허 가능성 범죄 악용 등의 책임 소재	민주주의의 대중적 논의 군사주도 연구의 경각심 국제적 법률 통제 수준

분야	종류	장점	문제점	권고 방향
교육/오락	로봇 키트, 장난감, 오락, 예술	로봇공학의 장점 극대화(생명, 기술, 프로그램 등의 관련성 및 관계성 강화) 교육 프로그램 적용, 장애 아동에 대한 교육병리학적 보조 역할 유희 로봇에 따른 중범죄 감소	장난감 인식에 따른 심리적 문제 실제 세계와의 혼동 가능성 기술 중독 인간의 창조력 감소	로봇공학의 교육 프로그램 반영 학생들의 학습에 대한 로봇공학의 영향 심리학적 영향 감시 제품의 안정성 감시

*출처 : 제어로봇시스템학회, 『로봇윤리헌장 제정을 위한 로봇기술 발전 시나리오 연구』, 한국로봇산업진흥원, 2010. 12, 21~41쪽 내용 참조.

【표 4-3】 미국의 로봇기술 발전의 전망

분야	주요 양상	5년	10년	15년
제조업	적응과 재배치 가능한 조립	산업용 로봇과 보조 장치를 사용하여 기본 제조라인의 설치와 구성.		
		24시간 이내	8시간 이내	1시간 이내
	자율 주행	잘 표시된 도로에서 자율 주행	비포장 도로에서도 자율 주행	어떤 환경에서도 자율 주행

분야	주요 양상	5년	10년	15년
제조업	그린 제조	제품 생산 공정에서 ① 기본 제조라인의 구성, ② 장비 재사용, ③ 에너지 사용 비율의 변화		
		① 10%, ② 50%, ③ 90%	① 25%, ② 75%, ③ 50%	① 75%, ② 90%, ③ 10%
	인간형 로봇 팔/손	적은 수의 관절, 낮은 복잡성의 수준	중간 정도의 복잡성, 제한된 숙련	인간 작업과 동등한 수준
	나노제조 기술	자기 조립과 생물학을 이용한 대량 병렬 조립	Post-CMOS 혁명에 대한 제조	약품전달과 치료, 진단을 위한 나노로봇에 대한 나노 조립
	인간과 협업하는 로봇	사람의 행동을 감지하고 응답할 수 있는 센서를 장착한 조립라인 로봇		
		기초적인 작업을 작업자와 8시간 수행	중간 수준의 작업을 40시간 연속 수행	고수준의 작업을 80시간 이상 수행
	교육과 훈련	중고교 방과후 프로그램	모든 대학에서 집중연구 과정	대학원 수의 증가, 로봇공학 관련 석박사 프로그램 운영 및 배출

분야	주요 양상	5년	10년	15년
의료/헬스케어 로봇	직관적, 물리적 인간-로봇 상호작용과 인터페이스	외부센서 및 인간-기계 인터페이스에 기반을 둔 복잡한 동작 인식	환자(재활)의 움직임과 의도를 추론, 상황에 맞는 힘 제공	통합적 물리량의 피드백을 조작에게 제공
	사용자의 필요에 따른 장기적 대응	실제 환경에서 데이터 활용, 적응 가능한 학습 시스템	사용자 모델링을 위한 적응성 학습 가능 시스템	건강관리 프로그램의 인간-기계 상호작용 최적화
	정량적인 진단과 평가	흥분, 심박, 움직임 능력, 시선 방향, 제스처 등 일정한 법칙들을 추출	외부로부터 생체-신호들을 입력받고, 생체 전기적 정보나 행동 방식 분석	착용/이식 가능한 장치들을 통해 생체 신호 접근/접속
	환경 적합 안내	정의된 일련의 과정/행동 추적, 적합한 실행 과정을 단계적 명시	조정된 공간에서 인간의 행동과 의도를 인지 및 구분	조작되지 않은 실제 환경에서 수행

분야	주요 양상	5년	10년	15년
의료/헬스케어 로봇	영상 유도 시술	최소 침습적 진단과 치료 수행을 위한 이미지 사용	3D 영상을 통해 혈액 이동, 약물 전달하는 마이크로 로봇기술	실시간 영상에서 모델 제조하는 자동화된 수술 보조 장치 구축
	전범위에 걸친 섬세한 조작	충분한 자유도와 정확성, 가벼운 구조를 가진 인공손 개발	뱀과 유사한 움직임의 조작을 신체의 깊은 곳에서도 수행	마이크로 단위 로봇이 눈이나 세포단위의 작은 구조체에서의 정교한 수술을 보조
	로봇 행동의 안정성	안전한 구동 방식, 가볍고 강도가 높은 로봇	병원과 가정에서 이용할 수 있는 프로토 타입 개발	최소한의 훈련과 직관적인 인터페이스로 안전한 로봇 시스템을 사용
서비스 로봇	인간 수준의 조작 기능	제한된 잡기와 놓기 행동	단단한 물체나 공구 사용	터치 센서를 통해 인간 수준의 조작

분야	주요 양상	5년	10년	15년
서비스 로봇	3D환경 모델을 통한 행동	연구실 환경에서 2D맵을 통한 주행	목표 지향적인 이동과 조작 진행, 주변 환경을 잘 이해	동적 환경에서 충돌 없이 고속으로 이동하며 조작 수행
	인지	인간의 행동과 언어를 통해 기술 학습	복잡한 조립과 행동을 수행	인간의 보조 역할 담당
	강인한 지각 영역	상점이나 빌딩에서 수백 개의 물체를 인식	이벤트나 활동을 감지하고 장시간 활동에 참여	다양한 센서를 통해 새로운 물체나 이벤트를 감지 및 활동 참여
	직관적인 HRI	여러 종류의 소통수단을 통한 작업	교시를 통해 가정 환경에서 음식 준비	교시를 통해 실제로 복잡한 작업 수행
	기술 습득	교시, 관찰과 반복 실행을 통해 습득	복잡한 기능, 작업 성공 여부 판단	지속적 기술 습득, 복잡한 임무 수행

분야	주요 양상	5년	10년	15년
서비스 로봇	로봇의 안전성	안전 표준화 실현	공장 환경에서 인간과 가까운 거리에서 안전하게 조업	이동과 함께 조작 가능, 안정성은 하드웨어/소프트웨어 모두 적용
로봇 관련 기술 연구	구동 시스템	인간 근육보다 더 큰 힘과 토크	인간 근육 대비 5배 개선	10배 개선, 경량 및 안전성 보장
	에너지 및 파워시스템	실내 환경에서 자동 재충전, 생체보다 2배 전력 소비	자동재충전, 생체와 동일한 효율	1g 로봇까지 자동재충전, 생체보다 2배 효율
	제작 및 재료 기술	핵심 부품의 캡슐화, 가볍고 부드러우며, 안전한 재료	부품의 자동조립, 소재 내 센서 및 구동기 포함	향상된 조립, 대량생산 및 재활용 가능 소재
	마이크로 및 나노기술	생체 내 구동 가능, 1mm 이하 로봇	생체 내 다양한 조작 가능	생체 내에서 자체 조립 가능한 로봇

분야	주요 양상	5년	10년	15년
로봇 관련 기술 연구	휴먼 로봇 인터페이스	근전도를 사용한 제어	개선된 근전도 및 신경 모델 사용	뇌파 및 인체 신경에 의해 직접 제어
	통신 및 네트워크	광역, 지역, 개인 네트워크 통합	Task 할당과 Resource 공유 가능	Task 할당을 위한 강인한 미들웨어
	계획과 제어	3~6차원 최적화 계획	10차원 이상 샘플링	10차원 이상 최적화, 센싱, 계획, 제어, 학습이 통합된 이론

*출처 : 제어로봇시스템학회(2010), 42~50쪽 내용 참조.

【표 4-4】 일본의 로봇기술 연구와 방향

	분야	주요 참여 기관	주요 내용
연구 방향	휴머노이드 및 보행 로봇기술	대기업 및 학계 Honda, Toyota, Fujitz AIST, 동경대학, 와세다대학	핵심공통기반기술의 고도화, 인간과의 접촉도, 시장규모를 고려한 차세대 로봇시스템의 연구개발

	분야	주요 참여 기관	주요 내용
연구 진행 분야	네트워크 로봇	2004년 총무성 지원 ATR 주관	Physical Robot, Unconscious Robot, Virtual Robot 연계를 위한 서버, 유비쿼터스 기술 개발 2020년 휴머노이드 상용화, 인간 친화적인 서비스 현재 외부 환경의 소리에도 사람이 말하는 지시를 정확하게 인지하는 지각 시스템 개발, 도우미 로봇으로 적용 인간과 동일한 수준의 촉각 인지, 인공 피부 개발
	로봇 분야 기술 전략 로드맵	일본경제산업성	산업용 로봇에서 일본 로봇산업 경쟁력 강화를 위한 실용화 로봇 개발 일본의 고도부품소재산업 집적을 효과적으로 활용 실생활 전제로 한 로봇기술의 타분야로의 적용 – MEMS 기술(센서), IT기술(지능), NT 기술(구동) 각종 제도 정비 및 표준화 등의 환경 정비 착수 – 폭넓은 기술 통합 및 적용을 위한 안전, 보험 및 사회시스템 구축 2015년 ~ 2025년 본격 실용화 보급 단계로 설정

*출처 : 제어로봇시스템학회(2010), 51~56쪽 내용 참조

3. 8개 분야별 로봇기술의 발전 전망

이상의 국가별 로봇기술의 발전과 윤리적 고려들은 향후 로봇기술이 주요 분야에서 어떻게 세부적으로 활용될 수 있는지의 전망이 도출되고 있다. 이에 로봇공학은 기술의 구체적인 응용 내용에 대한 전망을 위해 크게 8개 분야를 선정하고 있다. 제조용/산업용 로봇 분야, 메디컬/헬스 케어 로봇 분야, 서비스 로봇 분야, 네트워크 로봇 분야, 실외(육지, 해양, 하늘, 우주 등) 로봇 분야, 군사 로봇 분야, 휴머노이드 로봇 분야, 엔터테인먼트 로봇 분야다. 이 분야들에 대해 전망되는 구체적인 세부 기술은 다음과 같다.

【표 4-5】 8개 분야별 로봇기술 발전 전망

분야	주요 기술	세부 기술
제조용/산업용 로봇	적응과 재구성 조립 (Adaptable and Reconfigurable Assembly)	새로운 제품을 위해 24시간 작업이 가능한 특정 산업용 로봇 팔, 툴, 부속 재료를 다루는 디바이스들과 함께 라인에서 조립할 수 있는 셋업(set-up) 능력, 구성(configure) 능력, 기본 프로그램(program basic) 기술

분야	주요 기술	세부 기술
제조용/ 산업용 로봇	자율 내비게이션(Autonomous Navigation)	운전자를 위한 자율주행 자동차가 인간이 직접 운전하는 것보다 다음과 같은 지역에서 유리-산업 광산 지역, 건설공사 지역, 로딩 항구/역사, 동선 파킹, 비상 주차 등
	환경에너지 기술(Green Manufacturing)	원료의 리사이클링 10% 달성, 장비의 재사용율 50% 달성, 같은 공정에 2010년에 사용했던 에너지의 90%만 사용해도 가능.
	인간과 같은 교묘한 작업(Human-like Dexterous Manipulation)	인간의 손으로 몇 개의 조인트(Joints) 만을 다룰 수 있는 저복잡성(Low-complexity)의 작업이 건강한 로봇의 전체 손으로 잡아 작업(whole-hand grasp acquisition)이 가능함
	모델기반 공급망 연계 디자인(Model-Based Integration and Design of Supply Chain)	단일부품생산 및 조립을 위한 안전하고 정확한 디자인으로 생산시설 구축시 버그(bugs)가 일어나지 않음
	나노 생산(Nano-Manufacturing)	분자경제 시대로 진입함으로 유기물질을 다루는 생산은 스스로 자기조립(self-assembly)하는 기술과 생물학을 이용하는 기술에 의해 대량생산과 조립이 가능하여 새로운 생산공정기술 즉, 프린팅 기술과 스프레이기술 및 3차원 입체 인쇄술(Streolightography, SLA)이 가능

분야	주요 기술	세부 기술
제조용/산업용 로봇	비구조환경 인식(Perception for Unstructured Environments)	배치 생산운영에 관련되는 하나의 작업 방식인 Job Shop의 전형적인 비구조환경에서까지 자동화할 수 있는 3차원 인식 기술
	인간과 공동 작업이 가능한 본질적으로 안전한 로봇(Intrinsically Safe Robots Working with Humans)	인간의 제스처나 움직임을 감지하고 이에 반응하는 센서가 부착된 로봇과 제조 공정 라인에서 작업하는 Level 1 수준으로 근처에 있는 다른 사람들에 방해를 주지 않으면서 한 사람과 공동으로 8시간 작업이 가능한 수준
	교육과 훈련(Education and Training)	미국 내 모든 고등학교에는 방과 후에 하나의 로봇공학 프로그램이 운영. 이 프로그램에는 다양한 정보, 각 세션별로 공개 경쟁할 수 있는 이벤트 등이 있고, 참가자들은 다른 과외활동과 같은 등급과 학점을 받음
메디컬, 헬스 케어 로봇	인간과 로봇의 상호작용과 접속(Intuitive Physical Human-Robot Interaction and Interfaces)	외부 센서와 두뇌-기계인터페이스(BMI)기술에 의해 로봇이 인간의 의도적인 운동(움직임)을 정교하게 이해. 이는 보철 디자인(prosthesis)에 필요한 기본 기술이며, 인간의 생각(human thoughts)과 로봇에 의해 작동되는 보철 팔(robotic prosthetic limb) 사이의 적절한 매핑 기술이 동시에 필요함

분야	주요 기술	세부 기술
메디컬, 헬스 케어 로봇	인간 행위 이해(Automated Understanding of Human Behavior—이는 HRI[Human Robot Interaction] 기술임.)	로봇은 물리적 치료 세션이나 의사 사무실 등 제어된 환경에서 입는 컴퓨터 등의 보조제를 사용하는 인간의 행동을 인지하는 능력. 사용자와 상호작용의 모델을 개발하기 위해 이러한 세션으로부터 소음 데이터나 불확실한 데이터를 사용하기 위해 알고리즘이 개발되어야 함
	정서와 신체 상태 이해(Automated Understanding of Emotional and Physiological State)	다양한 입는 디바이스들은 지원 로봇으로 하여금 사용자의 모델, 상태 및 활동 분류 알고리즘 개발 정보를 제공하기 위해 무선으로 지원. 로봇과 사용자를 인터페이스하여 줄 것임. 이를 위해 멀티모달(오감 및 제스처, 시선, 움직임 등) 알고리즘(Multimodal algorithms)이 반드시 개발되어 불확실한 영상 데이터는 버리고 정확한 영상 데이터만 다른 감각 데이터(other sensory data)와 융합시켜 감정의 상태를 정확하게 분류(emotion state classification)하는 기술이 개발되어야 함

분야	주요 기술	세부 기술
메디컬, 헬스 케어 로봇	사용자의 요구에 적응(Long Term Adaptation to User's Changing Needs)	적응과 학습 시스템들(adaptive and learning systems)은 전 세계의 실시간 건강 데이터의 양을 증가시키고 노이즈가 있음에도 불구하고 데이터를 가공하여 동적으로 변화하고 복잡한 데이터를 자연적으로 제공함. 사용자 모델들은 시스템으로 하여금 사용자와 상호작용 사이클에 적응케 함으로써, 예를 들면 특정 운동과 같은 특정 상황 내에서 사용자들의 수행 능력(user task performance)을 향상시킴
	정량적 진단과 평가(Quantitative Diagnosis and Assessment)	로봇은 환각(arousal), 심장박동율, 운동능력, 시각응시방향, 사회적 제스처 등의 관련 측정치를 추출. 오프라인에서의 생체전기(bioelectrical)와 생체신호(behavioral signals)의 분석이 수행되고 이를 최적의 방법으로 로봇시스템과 케어제공자에게 연결함. 멀티모달(multi-modal) 생리 감지와 데이터의 영상은 기본
	적정한 맥락 지원(Context-Appropriate Guidance)	로봇은 추적하고 기록하며 수립된 명확한 단계를 통해 일련의 정립된 과정이나 행동을 위해 최적의 과정 성과를 제안. 인간의 행동과 상태를 인지하고 로봇의 상호적인 지원은 대부분의 랩 환경에서 실현

분야	주요 기술	세부 기술
메디컬, 헬스 케어 로봇	이미지 활동 침습(Image-Guided Intervention – 이는 생체이미징[Bioimaging]/영상/조영제 기술임)	이미지를 이용해 극미세침습진단과 치료가 가능(ultra-minimally invasive diagnosis and therapy). 이는 다른 정교한 조직과 장기는 건드리지 않고 원하는 표적에만 정확하게 도달할 수 있는 나노 바늘(Nano-needle)로 가능. 로봇은 영상 데이터를 특정 환자의 물리적 모델로 자율적으로 전환하고 이러한 조율을 가이드 함
	고성능 기교성 작업(High-Dexterity Manipulation at Any Scale)	보철(prostheses)을 위한 로봇 손(robotic hands)들은 가벼운 구조에 의해 충분한 자유도(degrees of freedom)와 기교성(dexterity)으로 자연적인 작업(natural manipulation)이 가능. 모바일 조작은 들어올리기나 특정 사물을 전달하는 등의 구조적으로 만든 환경에서 가능
	센서 기반 데이터 수집(Sensor-Based Automated Health Data Acquisition)	안무적인 데이터 수집 노력이 시작됨(begin a concerted data collection effort). 익명의 양식(anonymous format)으로 존재하는 기존의 건강 데이터를 수집해 분석에 사용. 다양한 건강 커뮤니티와 작업해 관련 데이터를 수집해 누구나 익명의 데이터에 접속. 예를 들면 아이스랜드의 유전 데이터베이스에서 성공적인 모델을 배움
	안전성(Safe Robot Behavior)	안전한 구동, 가볍고 강하며 서비스를 수행하고 사회적으로 지원할 수 있는, 병원과 집에서 특정 작업을 수행할 수 있는 로봇의 지속적 개발

분야	주요 기술	세부 기술
서비스 로봇	인간과 유사한 기교성(Human-like Dexterous Manipulation)	로봇이 집이나 산업에서 제한적인 물건을 들어 올려 장소에 놓기. 문이나 캐비넷 열기. 이는 환경공학으로 특정 환경을 만들어 가능
	3차원 실세계 계획과 해도(Real-World 3D Planning and Navigation)	랩의 로봇들은 비구조적인 2차원
	인지(Cognition)	인간의 제스처와 음성 인식. 실내에서 비-모델 환경 인식
	지각(Robust Perception)	공간 인식 및 카테고리 분류. 특정 공간을 시맨틱으로 연상. 몰과 빌딩 구조 등으로 확대 인식. 100개의 공간상의 물체를 인식
	인간과 로봇의 상호작용과 접속(Physical, Intuitive HRI and Interfaces)	로봇이 멀티모달 대화를 통해 작업 지시 이해. 바디랭귀지 상호작용
	기술 습득(Skill Acquisition)	관찰, 시행착오, 데모를 통해 다양한 스킬을 학습

분야	주요 기술	세부 기술
서비스 로봇	Safe Robots	서비스 로봇의 안전 표준화 수립 및 월드와이드 적용. 특히 영향과 에너지 전환이 정해짐. 1차 버전의 작업 시스템
	서비스 로봇 종류	청소 및 가정부 : 빠르고, 정확하고, 지겨워하지 않음 보모: 환자, 수다스러운, 여러 게임 가능, 지적 육체적 장애인/노인 보조: 항상 가능, 신뢰성, 육체적 보조를 교육 받음 청소부: 빠르고, 정확, 지치지 않음 잡역부: 여러 가지 기술 문제 해결 단순 가사 보조 로봇. 초고속/초정밀 검사 로봇 (50나노/4x4mm/sec). 위험물 탐지 및 제거 로봇 (제거 및 탐지 효율 : 50 ㎡/h). 해저 지형과 지질 및 자원탐사 로봇. 과일 수확 지원 로봇
네트워크 로봇	종류	자동화 멀티-차량 시스템 : 자동화 고속도로, 자동화 송수관, 항공 트레픽 제어 산업용 : 무선 자동화 공장, 네트워크 로봇 제어, 진화되는 구조에서의 시스템 제어, 자동차 자동화 지능 건물 및 구조 : 센서네트워크에 의한 환경 제어 및 구조물 모니터링, 센서네트워크에 의한 건물 구조 검사, 전용 로봇 디바이스

분야	주요 기술	세부 기술
네트워크 로봇	종류	지구 과학 : 인간이 접속할 수 없는 원격 지역이나 적대국가 환경 지역에 대한 지구과학연구에 센서네트워크와 로봇 디바이스 활용, 글로벌 기후 상승 연구 안전 및 시민 방어 : 상호작용 운영 센서의 전개 및 재난 시나리오에 따른 네트워크, 감시 및 안전, 재난 시나리오에 따른 조율, 소방 관제 농업용 : 곡물 모니터링 및 중재, 관개수로 시스템의 최적화 자원관리 : 물자원 관리 및 공기 품질 관리를 위한 센서네트워크 디지털 로봇 아바타를 교육시키는 인공지능(http://www.novamente.net/), Alan(남자->My Robot, http://www.a-i.com/), Ray Kurzweil의 Ramona(여자, http://www.kurzweilai.net/index.html?flash=1), 휴대폰용 버추얼 걸 비비안(Vivienne, http://www.v-girl.com/vg3/), 인조생명체(유전자+염색체 융합) 유비봇인 리티(Rity, KAIST 김종환 교수, http://rit.kaist.ac.kr/home) 외부 센서와 두뇌-기계 인터페이스(BMI) 기술에 의한 원격 네트워크 로봇 우주행성탐사용 로봇팀

분야	주요 기술	세부 기술
실외 로봇 (육지, 해양, 하늘, 우주 등)	종류	• 육지 – 광산(자동덤프 트럭, 로봇 드릴 머신) – 화물처리(화물 오르내리는 크레인과 자동화 기술) – 농사(자율주행 트렉터, 파종 및 수확기, 비료와 방역용) – 도로 운송(승객 및 화물 운송을 위한 자율 주행) – Intelligent Transportation Systems and of IV(Intelligent Vehicles) – 구조 로봇(재난 구급 팀 지원 로봇) – RoboCupRescue – 인도적 지뢰 해체(지뢰를 탐지하고 위치를 찾고 해체하는 로봇) – 환경보호(위험한 공장 해체와 오염 청소용 로봇) • 해양 – 연구(해양학, 해양 생물학, 지리학용 해저 로봇) – 외양(심해의 기름 및 가스 장치의 모니터 수리 유지 보수 및 검사용 해저 로봇) – 수색 및 구조(좌초된 잠수함과 같은 바다의 사고 대응용 해저 로봇) – Disaster management, underwater vehicles, the detection of natural resources • 하늘 – UAV(일기예보, 환경 감시, 교통 통제, 순찰용 자율 비행기) • 우주 – 우주탐험(우주용, 착륙 모듈, 탐험차) – Phoenix, Opportunity, Spirit – 우주 정류장(자율 실험실, 장치 제어 및 통신) – 원격 조작(자율 유연 팔 및 매니퓰레이터)

분야	주요 기술	세부 기술
군사 로봇	종류	보초용, 구조용(BEAR), 지원용(Big Dog), 100개의 로봇 수색대 Centibots 야전구출지원보봇(Battlefield Extraction Assist Robot(BEAR)의 베어(Bear)=육군 및 베크나 로봇틱스(Vecna Robotics)사 무인 정찰기, 무인 헬리콥터, 무선조정무인기
	종류	곤충 사이보그 수색대(Hi-MEMS), 생물체 로봇, 냄새 수색용 파리 로봇(Robofly), 공룡 로봇(Dinosaur Robot), 코끼리 코 탱크(Elephant Trunk), 뱀 로봇(Snake Robot)인 Snoopy, Schmoopie, 바닷가재 로봇(Robo-Lobster), 통신용 LANdroids(DARPA+iRobot, 2008)
휴머노이드	종류	헬스케어, 노인/장애자/노인 보조, 베이비 시터, 사무실 직원, 박물관 안내, 연예인, 섹스 로봇, 시설 내 안내 로봇. 일본의 ㈜KOKORO와 ㈜Advanced Media가 2003년에 개발한 여성 안내 로봇 엑트로이드(ACTROID) 이시구로 교수의 로봇인 레플리 Q1(Repliee Q1Expo, 2005) 한국생산기술연구원의 인조인간 로봇 에버원(EveR-1, 2006) 기능성의 로봇 팔, 로봇 손, 로봇 귀, 로봇 코, 로봇 근육, 로봇 얼굴, 로봇 입술, 로봇 혀

분야	주요 기술	세부 기술
엔터테인먼트	종류	교육용 로봇 키트 로봇 장난감(Sony의 Qrio, 토요타의 피리부는 파트너 로봇, 오락/게임/대화(NEC의 PaPeRo) 로봇 예술 로봇컵 축구팀(Robotcup Soccer) 16가지 인간 감정인식을 표현하는 감성형 엔터테인먼트/애완 로봇). 인조합성 인기배우 등장(Synthetic Celebrities)

*출처 : 제어로봇시스템학회(2010), 90~96쪽 내용 참조.

4. 로봇윤리의 10개 분야별 주요 이슈

향후 로봇공학은 주요 8개 분야들에서 세부적인 기술 활용을 통해 점차 발전할 것으로 예측되고 있다. 이러한 기술 발전으로 인해 우리의 삶에서 안전, 건강, 편의, 복지, 교육의 혜택은 점차 넓어질 것으로 기대된다. 하지만 우리는 이를 미래의 단순한 장밋빛 전망으로 상상할 수만은 없다. 관련 로봇기술들이 실생활에 당장 적용된다고 하더라도, 과연 인간이 로봇과 공존할 수 있는 지에 대한 진지한 반성은 없기 때문이다. 이로 인해 우리는 로봇의

활용에서 새로운 문제에 직면할 수밖에 없을 것이다. 어떤 문제들이 발생할 것인지에 대한 예측과 준비가 전혀 없는 상태에서 로봇과의 공존은 인류가 전혀 경험하지 못한 윤리적 문제들을 발생시킬 가능성이 매우 크다. 우리는 늦기 전에 로봇을 활용할 때, 왜 그리고 무엇을 위해 그것을 만들어야 하고, 어떻게 사용할 것인지에 대한 미래의 윤리적 예측을 분명히 설정할 필요가 있다.

따라서 로봇의 존재론적 지위에 관한 문제, 로봇과 인간에 관한 공존에 관한 문제와 8개 주요 분야들에 따라 발생할 수 있는 윤리적 상황들을 고려할 것이다. 이는 곧 다가올 실생활의 가능한 시나리오를 토대로, 무엇이 핵심적인 윤리적 쟁점인지를 파악할 것이다. 이를 통해 현재 단계에서 중심이 되는 윤리적 고려와 미래 시대에서 고려하게 될 윤리적 질문들을 함께 검토하면서, 우리가 합의를 도출할 수 있는 최소한의 도덕의 틀을 구성해 보려고 한다.

1) 로봇 자체의 존재 근거

▶ 2030년 이내 가능한 미래 시나리오

로봇 자체의 존재 근거와 관련된 로봇기술은 인공지능 기반 분야와 밀접한 관련이 있다. 현재 분야별로 다양한 알고리즘은 통합화되는 추세고, 통합적인 알고리즘이 결국 전반적인 인공지능 기

반 기술로 집약된다. 이러한 로봇기술은 점차 로봇이 준인간화가 될 수 있는 바이오 융합 및 생성형 기술로 발달할 전망이다.

이에 대해 예측된 시나리오는 다음과 같다. 2015년에 다빈치 등의 수술용 로봇들과 몸속에서 작동하는 하트랜드(Heartland) 로봇 / 머슬봇(Musclebot)들이 의사의 작업을 15% 정도 커버하고, 먹고 마시고 흡입하는 나노의료기기 / 네트워크약이 상용화되며, 2020년에는 나노봇들에 의한 나노약물전달시스템, 나노항생제, 나노항암제 및 나노폭탄이 상용화되고, 로봇 근육 / 로봇 손 / 로봇 얼굴 / 로봇 입술 / 로봇 귀 / 로봇 혀가 보철의학으로 상용화될 것으로 예측된다. 2030년에는 인간 유전자의 30%가 로봇으로 융합될 것으로 예측된다. 또한 인간은 인조 생명체에 도전하여 인조 게놈을 세포에 주입해 30%의 완벽한 생명체 로봇을 만들 것이며, 이들은 공기오염제거, 환경오염청소, 새로운 에너지 생산 등에 투입될 전망이다. 그리고 인공조직이나 인공장기가 재생의학의 30%를 커버하며, 특히 2030년에는 로봇들에 제공되는 에너지원이 박테리아나 생체리듬을 활용하는 압전 효과 나노발전기로 대체될 것으로 보인다(제어로봇시스템학회, 2010: 115~116).

【표 4-6-1】 로봇 존재 분야

윤리적 쟁점

윤리적 쟁점	1. 로봇은 그 자체로 목적성을 가질 수 있을까?
	2. 로봇은 그 자체로 자율성을 가질 수 있을까?

비록 미래 시나리오에서 보이는 것처럼, 2030년 이내에 로봇기술이 비약적으로 발전하더라도, 로봇이 그 자체로 어떤 존재의 목적성과 자율성을 가질 수 있는지에 관한 문제가 로봇윤리의 지속적이고 근본적인 쟁점이 된다. 현재 수준에서 이 문제에 관한 윤리 일반 이론들의 견해는 대체로 다음과 같다.

【표 4-6-2】 로봇 존재 분야

현재 단계의 윤리 일반 이론들의 일반적 견해 윤리 이론

윤리 이론	일반적 견해
의무론	로봇 그 자체가 목적성도 자율성도 갖는 것은 아니다.
공리주의	로봇 그 자체가 최대 행복을 산출하는 도덕적 행위자는 아니다.
덕윤리	로봇 그 자체가 유덕한 덕을 형성하는 반성적 행위자는 아니다.
책임윤리	로봇 그 자체가 그 자신의 책임을 갖는 존재가 아니다.
정서주의	로봇 그 자체가 주변과 공감하는 정서적 존재가 아니다.

현재 단계의 윤리 일반 이론들은 로봇 자체를 어떤 목적적 존재 및 자율적 존재로 간주하는 것을 거부한다. 왜냐하면 존재 자체의 목적과 자율성은 바로 인간에 관한 문제이기 때문이다. 로봇이 어떤 존재론적 지위를 갖는 것은 인간과 대등한 종의 지위를 갖는 것을 의미한다. 이런 점에서 현재 윤리 일반 이론들은 모두 로봇 자체의 존재적 근거를 부정한다.

【표 4-6-3】 로봇 존재 분야

2030년 이내 윤리적 논쟁의 주요 양상

윤리 이론	미래의 조건	논쟁적 견해
의무론	인간의 선의지(good will)를 투영한다면,	‘도덕적 행위자(moral agent)’로서 로봇 그 자체는 목적성을 가질 가능성과 자율성을 가질 가능성도 있기 때문이다.
공리주의	최대 행복을 질적으로 고려하는 능력을 부여한다면,	‘도덕적 행위자(moral agent)’로서 로봇 그 자체는 최대 행복을 산출하는 도덕적 행위자가 될 수도 있기 때문이다.
덕윤리	대상과 수준에 맞춰 덕성의 코드를 입력한다면,	‘도덕적 행위자(moral agent)’로서 로봇 그 자체는 입력된 덕을 갖춘 반성적 행위자가 될 수도 있기 때문이다.
책임윤리	공동체와의 연관성 속에서 책임 판단의 능력을 부여한다면,	‘도덕적 행위자(moral agent)’로서 로봇 그 자체는 그 자신의 책임을 가질 수도 있기 때문이다.
정서주의	최소한 사랑, 애통함 등의 정서 코드를 입력한다면,	‘도덕적 행위자(moral agent)’로서 로봇 그 자체는 주변과 공감하는 정서적 존재가 될 수도 있기 때문이다.

하지만 로봇기술의 발달에 따라, 로봇이 인간의 선의지, 질적 행복 계산능력, 덕과 품성, 공동체와의 유기적 책임 판단 능력, 정서 교류의 능력을 갖게 된다면, 로봇은 인간과 매우 유사한 사고와 활동을 할 수 있게 된다. 이는 로봇 자체의 발전과 진화가 아니라, 인간에 의한 다양한 알고리즘 및 프로그래밍 등에 따른 것이다. 이처럼 비록 인간의 통제 및 관리를 받는다고 하더라도, 로봇이 인간의 사고와 기능을 입력 및 형성된 기호에 따라 수행한다는 점이 앞으로의 윤리적 쟁점이 된다.

【표 4-6-4】 로봇 존재 분야

최소 원칙은 무엇인가?

최소 도덕	미래 로봇의 "도덕적 행위자(moral agent)"로서의 지위

2030년 이내에 로봇기술 발전과 환경을 고려한다면, 로봇은 높은 수준에서 인간의 사고와 행동을 담당한다. 이런 점에서 현재 단계에서 로봇 자체에 관한 윤리 일반 이론들의 입장이 부정적이라고 하더라도, 최소한 2030년까지 인간과 로봇이 공존하는 단계에서 로봇은 인간에 의해 창조 및 입력되고, 인간을 위해 사용되고, 관리될 때에만 갖는 그 자체의 도덕적 행위자로서의 지위를 가질 수 있을 것이다.

2) 인간과 로봇

▶ 2030년 이내 가능한 미래 시나리오

현재 로봇기술 수준에서 2030년까지 예상되는 인공지능 기반 로봇기술은 다음과 같다. 2015년에 공간인식 및 음성인식이 가능하고 손으로 물건을 잡으며 스스로 학습을 하기 시작한다. 2020년에는 인간의 오감을 20%정도 감지하고 인간 두뇌와 손에 의한 조작기술을 20% 따라하며 스스로 검색을 실시해 인간이 필요한 데이터를 제공한다. 2030년에는 3차원의 인지가 가능하고 인간의 직관과 상호작용하기 시작하며, 로봇과는 1시간 교대가 가능한 로봇시스템으로 발전하고, 한 인간과는 80시간 공동 작업이 가능한 수준의 AI 기반으로 발전한다. 이때 로봇과 컴퓨터는 인간 뇌와 30% 같은 인공지능을 소유하여 인간이 표현하는 감정의 30%를 표현할 것으로 예측된다(제어로봇시스템학회, 2010: 115).

이처럼 로봇기술의 발전 전망은 인간의 인지적 지능 요소에 기반해서 로봇의 감성을 구현하는 방향으로 나아간다. 1960년에 로봇기술이 구현되었고, 1975년에 산업용 로봇이 대량생산되어, 2002년에는 개인 서비스 로봇이 생산되기에 이르렀다. 이러한 인공감정 또는 인공지능에 기반한 로봇 생산은 2030년경에 이루어질 전망이다(권동수, 2011: 75~76).

【표 4-7-1】 인간과 로봇 분야

윤리적 쟁점

윤리적 쟁점	1. 로봇은 인간의 궁극적 행복을 실현하는 데 어떤 역할을 할 수 있는가?
	2. 누가 각 상황 또는 사건에 대한 코드 및 프로그램을 로봇에 입력할 것인가?
	3. 특수한 상황들 또는 사건들에 접한 로봇 사용자들이 박애와 고통, 책임과 희생과 같은 윤리적 가치들이 입력된 로봇과 맺는 관계가 도덕적 공감대에서 비롯된 것인가?
	4. 로봇 사용자들이 의미 부여한 로봇은 사용자들의 행복에 일정한 기여를 하는 것인가?

2030년 이내에 본격적으로 로봇 사용의 범위가 확대되면서 인간과 로봇 간의 관계에서 다양한 윤리적 쟁점들이 나타나게 될 것이다. 미래 사회의 로봇은 인간에 의해 입력된 준인격적 수준, 즉 도덕적 행위자 수준의 능력들을 각 현장에서 발휘하면서 인간과 교류하는 모습을 갖게 될 것으로 보인다. 심지어 의료 및 교육 분야에서 로봇은 특수한 목적으로 인간들과 상호 의사 및 감정까지도 교류할 것으로 전망된다.

【표 4-7-2】 인간과 로봇 분야

현재 단계의 윤리 일반 이론들의 일반적 견해

윤리 이론	일반적 견해
의무론	오직 인간이 선의지에 따른 도덕적 의무를 실천할 때, 로봇은 도움이 되는 도구일 뿐이다.
공리주의	인간이 최대 행복의 결과를 산출하기 위해 행동할 때, 로봇은 그 결과를 극대화시킬 수 있는 유용한 도구가 된다.
덕윤리	인간의 궁극적(최종적) 목표로서 행복을 실현하는 데 있어서 로봇은 유용한 물질적 수단일 뿐이다.
책임윤리	로봇이 하는 모든 일에 대한 책임은 인간(사용자)에게 있다.
정서주의	인간은 로봇과 정서적 교류를 나눌 수 있는 의사소통을 할 수 없다.

그러나 현 단계의 윤리 일반 이론에서 로봇은 인간의 도구적 수단이다. 비록 로봇의 기술이 발전한다고 하더라도, 그것이 인간과 동일한 생각, 행위 능력을 갖춘 인간과 동일한 종은 아니다. 인간이 로봇을 조종하는 것이기 때문에, 로봇은 새로운 형태의 종이 될 수 없고, 인간을 위한 사용의 수단이 되어야 한다.

【표 4-7-3】 인간과 로봇 분야

2030년 이내 윤리적 논쟁의 주요 양상

윤리 이론	미래의 조건	논쟁적 견해
의무론	인간의 선의지(good will)를 투영한다면,	'도덕적 행위자(moral agent)'로서 로봇은 인간의 선의지와 도덕적 의무에 따른 의사결정과 행동을 실행에 옮기는 '제한된' 도덕적 행위자가 될 수 있다.
공리주의	최대 행복을 질적으로 고려하는 능력을 부여한다면,	'도덕적 행위자(moral agent)'로서 로봇은 인간을 위한 최대 행복을 '계산하고' 산출하는 '제한된' 도덕적 행위자가 될 수도 있기 때문이다.
덕윤리	대상과 수준에 맞춰 덕성의 코드를 입력한다면,	'도덕적 행위자(moral agent)'로서 로봇 그 자체는 입력된 덕에 따라 상대방의 덕을 적어도 유지하거나 고상하게 만드는 '제한된' 도덕적 행위자가 될 수도 있기 때문이다.
책임윤리	공동체와의 연관성 속에서 책임 판단의 능력을 부여한다면,	'도덕적 행위자(moral agent)'로서 로봇은 인간(공동체 또는 공공)을 위한 책임의 제약을 받는 '제한된' 도덕적 행위자가 될 수도 있기 때문이다.
정서주의	최소한 사랑, 애통함 등의 정서 코드를 입력한다면,	'도덕적 행위자(moral agent)'로서 로봇은 적어도 특정 상황에서만 인간과 정서적 교감을 가질 수 있는 '제한된' 도덕적 행위자가 될 수도 있기 때문이다.

2030년 이내에 인간의 사고, 정서, 행동의 알고리즘을 제한적으로 갖추고 프로그램밍을 통해 로봇이 일상생활에서 활용될 가능성이 높기 때문에, 인간과 로봇의 관계는 동등한 도덕적 인격체의 관계는 아니지만, 그와 유사한 수준의 관계로 변할 가능성이 크다. 제조 및 산업, 의료 및 교육 등의 집중된 범위에서 로봇의 기술은 비약적으로 발전함으로써, 인간과 로봇의 관계는 현재처럼 무조건 로봇을 수단으로 보는 수준보다는 더 진전될 것이다.

【표 4-7-4】 인간과 로봇 분야

최소 원칙은 무엇인가?

최소 도덕	미래 로봇의 '도덕적 행위자(moral agent)' 지위 + '제한된' 도덕적 행위자

2030년 이내까지 제한적이고 특수한 목적으로 인간과 유사한 사고, 정서, 행위 판단의 수준을 갖춘 로봇이 제작 및 활용될 가능성이 크다. 비록 이러한 로봇이 자기 발전이 아닌 인간에 의한 진보라고 하더라도, 일상생활에서 사용자와 직접적인 행동 및 의사교류가 이루어질 수 있다는 점에서 매우 제한된 도덕적 행위자로서 역할을 담당할 것이다.

3) 제조용/산업용 로봇윤리 분야

▶ 2030년 이내 가능한 미래 시나리오

유럽, 미국, 일본, 한국의 제조용 및 산업용 로봇기술 분야들에서 예측되는 시나리오는 다음과 같다. 새로운 제품을 위해 24시간 작업이 가능한 특정 산업용 로봇 팔, 틀, 부속 재료를 다루는 디바이스들과 함께 라인에서 조립할 수 있는 셋업(set-up) 능력, 구성(configure) 능력, 기본 프로그램(program basic) 기술이 가능하다. 산업 광산 지역, 건설공사 지역, 로딩 항구 및 역사, 동선 파킹, 비상 주차에서 자율 내비게이션 시스템이 적용되고, 인간의 손으로 몇 개의 조인트(Joints) 만을 다룰 수 있는 저복잡성(Low-complexity)의 작업이 건강한 로봇의 전체 손으로 잡아 작업이 가능하다. 또한 인간의 제스처나 움직임을 감지하고 이에 반응하는 센서가 부착된 로봇과 제조 공정 라인에서 작업하는 Level 1 수준으로 근처에 있는 다른 사람들에 방해를 주지 않으면서 한 사람과 공동으로 8시간 작업이 가능하다(제어로봇시스템학회, 2010, 90쪽). 그리고 2020년에는 20% 휴머노이드들이 인간과 같이 계단을 오르내릴 수 있고 위험 지역을 감지하여 안정된 보행을 할 수 있어, 특히 3D 직업에서 인간의 노동력을 20% 대체할 것으로 전망된다(제어로봇시스템학회, 2010: 117).

이를 통한 미래 생활의 변화 모습은 다음과 같다. 3D 업종이 휴머노이드 로봇들로 채워지면서 위험한 산업현장은 안정화가 된다. 이 산업용 휴머노이드 로봇들은 인공지능이 탑재되어 현장작업뿐만 아니라 작업 지시를 받고 최적 프로세스 설계나 생산라인 점검 같은 멀티태스킹이 가능하다. 물론 인간과의 인터페이스도 뛰어나 인력이 부족할 때에는 작업 반장 역할을 일부분 수행할 수 있다(제어로봇시스템학회, 2010: 128).

【표 4-8-1】 제조용/산업용 로봇윤리 분야

윤리적 쟁점

윤리적 쟁점	1. 미래 사회에서 제조 및 산업용 로봇으로 인해 인간 노동의 질은 향상될 수 있는가?
	2. 미래 사회에서 인간 노동자들은 제조 및 산업용 로봇으로부터 소외를 당할 가능성은 전혀 없는가?
	3. 미래 사회에서 제조 및 산업용 로봇의 편리함에 따른 육체노동 감소로 인해 인간 노동자들에게는 새로운 직업병이 발생하지 않을까?
	4. 인간 노동자들은 제조 및 산업용 로봇의 공정에서 주로 어느 역할을 담당하게 될까?

현재 제조 및 산업 현장에 로봇들이 대거 개발되어 투입됨으로써 인간 노동자들과 관련된 다양한 문제들이 주로 등장한다. 대표적인 사례는 제조 현장에서 로봇자동화에 따라 노동자들의 일자리가 줄어든다는 것이다. 2030년 이내 로봇기술 발전은 이처럼 경제적 측면에서 논란이 될 수 있지만, 윤리적 측면에서 노동자의 로봇으로부터 소외, 인간 노동의 가치와 의미를 중심으로 한 문제들을 일으킬 가능성이 크다.

【표 4-8-2】 제조용/산업용 로봇윤리 분야

현재 단계의 윤리 일반 이론들의 일반적 견해

윤리 이론	일반적 견해
의무론	인간 노동자들에 대한 인격적 목적적 대우가 최우선이다.
공리주의	인간 노동자들에게 개별적으로 육체노동의 대체 등의 편리함과 같은 단기적인 이익을 가져다 줄 수 있지만, 궁극적인 행복의 질적 향상에 기여하는 것은 아니다.
덕윤리	인간의 궁극적(최종적) 목표로서 행복을 실현하기 위해서 인간 노동자들의 건강과 안녕이 주된 관심사가 되어야 한다.
책임윤리	제조 공정에 대한 책임은 인간에게 있고, 그래서 인간 노동자가 제조용 로봇을 통제해야 한다.
정서주의	인간은 제조 및 산업용 로봇과 정서적 교류를 나눌 수 있는 의사소통을 할 수 있다.

현재 단계에서 윤리 일반 이론의 분야들에서 가장 우려하는 바는 인간의 존엄성이다. 제조 및 산업용 로봇이 인간의 존엄성에 커다란 위협이 된다면, 해당 로봇기술은 즉각 폐기되어야 한다. 현재 수준에서 로봇은 위험성을 요구하는 작업 분야, 고된 노동을 대체하기 위해 수단으로 사용되어야 한다.

【표 4-8-3】 제조용/산업용 로봇윤리 분야

2030년 이내 윤리적 논쟁의 주요 양상

윤리 이론	미래의 조건	논쟁적 견해
의무론	인간의 선의지(good will)를 투영한다면,	오히려 인간을 목적으로 대우함으로써 노동 현장에서 인간 노동자들의 창의성을 떨어뜨려 인간을 퇴보시킬 수도 있기 때문이다.
공리주의	최대 행복을 질적으로 고려하는 능력을 부여한다면,	오히려 획일적인 대량 생산만을 극대화함으로써 인간을 위한 질적 행복의 추구를 파기할 수도 있기 때문이다.
덕윤리	대상과 수준에 맞춰 덕성의 코드를 입력한다면,	오히려 제조 및 산업용 로봇의 지나친 배려로 인해 인간 노동자들을 단순히 공정에 대한 방관자로 머물게 하고, 인간 노동자들은 새로운 형태의 직업병을 가질 수도 있기 때문이다.

윤리 이론	미래의 조건	논쟁적 견해
책임윤리	공동체와의 연관성 속에서 책임 판단의 능력을 부여한다면,	오히려 제조 및 산업용 로봇의 책임 범위가 확대되어 인간 노동자들이 배제된 모든 공정을 로봇이 관리 감독할 수도 있기 때문이다.
정서주의	최소한 사랑, 애통함 등의 정서 코드를 입력한다면,	오히려 힘든 노동, 고통, 위험과 같은 정서 코드로 인해 인간 노동자들을 계속 세밀하고 힘든 노동자의 숙련된 기술을 필요로 하는 현장에서 점차 몰아낼 수도 있기 때문이다.

2030년 이내 제조 및 산업용 로봇의 확대에 따른 윤리적 문제는 로봇이 인간의 정서적 능력까지도 일부 수행할 수 있는 단계에서 발생할 가능성이 크다. 이에 따라 제한된 도덕적 행위자로서 로봇의 확대된 기능은 인간의 신체적 노동을 거의 대체함으로써 로봇에 의한 소외 현상, 산업 구조 변화에 따른 새로운 직업병 출현 등 광범위한 윤리적 쟁점들이 논의될 수 있다.

【표 4-8-4】 제조용/산업용 로봇윤리 분야

최소 원칙은 무엇인가?

최소 도덕	노동현장에서 인간 노동자의 퇴보 가능성 (부정적 영향의 최소화)

2030년까지 로봇기술이 발달하더라도, 제조 및 산업 현장에서 최소 도덕의 명령은 로봇은 인간 노동자들의 존엄성을 침해해서는 안 된다는 점이다. 이런 수준에서 로봇은 제한된 도덕적 행위자의 수준에 머물러야 하고, 인간은 제조 및 산업 현장에서 로봇기술을 설계, 개발하고, 현장에서 로봇을 통제해야 한다.

4) 메디컬/헬스케어 로봇윤리 분야

▶ 2030년 이내 가능한 미래 시나리오

외부 센서와 두뇌－기계인터페이스(BMI) 기술에 의해 로봇이 인간의 의도적인 운동(움직임)을 정교하게 이해한다. 또한 로봇은 물리적 치료 세션이나 의사 사무실 등 제어된 환경에서 입는 컴퓨터 등의 보조제를 사용하는 인간의 행동을 인지하는 능력을 갖춘다. 다양한 입는 디바이스들은 지원 로봇으로 하여금 사용자의

모델, 상태 및 활동 분류 알고리즘 개발 정보를 제공하기 위해 무선으로 지원 로봇과 사용자를 인터페이스하여 줄 것이고, 적응과 학급 시스템들은 전 세계의 실시간 건강 데이터의 양을 증가시키고 노이즈가 있음에도 불구하고 데이터를 가공하여 동적으로 변화하고 복잡한 데이터를 자연적으로 제공할 수 있다. 로봇은 환각(arousal), 심장박동율, 운동 능력, 시각응시 방향, 사회적 제스처 등의 관련 측정치를 추출하여 오프라인에서 생체전기와 생체신호 분석이 수행되어, 이를 최적의 방법으로 로봇시스템과 케어 제공자에게 연결하게 된다. 나아가 안전한 구동, 가볍고 강하며 서비스를 수행하고 사회적으로 지원할 수 있는 병원과 집에서 특정 작업을 수행할 수 있는 로봇이 지속적으로 개발된다(제어로봇시스템학회, 2010: 91~93).

이에 따른 생활의 변화 모습은 다음과 같다. 80대로 접어든 D 씨와 E 씨 부부는 휠체어와 비슷한 형태의 노약자 케어 로봇(임대형)을 통해 건강상태(혈압, 체온 등)를 확인하고, 정상 상태와 다를 경우 다시 체크한 다음, 그래도 의문점이 있으면 분가해 살고 있는 자녀와 주치의에게 연락한다. 케어 로봇의 보조를 통해 마사지 등의 근육 피로를 풀 수 있고, 친구들과 대화를 할 수 있으며, 일정 수준에서 인공지능 케어 로봇과 소통할 수 있다(제어로봇시스템학회, 2010: 122).

【표 4-9-1】 메디컬/헬스케어 로봇윤리 분야

윤리적 쟁점

윤리적 쟁점	1. 케어 로봇의 인공지능과 프로그램은 누가 어떤 내용으로 만들고 누가 관리해야 하는가?
	2. 정서심리학적 치료도 가능할 것인가?
	3. 케어 대상자가 케어 로봇에 대한 특정 '성(gender) 정체성'을 요구한다면, 부여할 것인가?
	4. 가족 구성원들은 서로의 안부를 직접 챙길 필요가 있겠는가?

2030년 이내 메디컬/헬스케어 로봇기술은 비약적으로 발전할 것으로 기대된다. 현재 수술용 로봇이 수술을 시술하고 있는 단계고, 심지어 곧 우울증 환자들의 병을 최소한 억제하고자 정서교류의 기능을 담당할 수 있는 로봇도 등장할 예정이다. 이 분야의 경우, 인간 개발자 및 사용자의 신체적 제약을 벗어나, 오히려 정밀하고 세밀한 기술을 통해 인간의 정서적 분야까지 로봇이 담당할 수 있다.

【표 4-9-2】 메디컬/헬스케어 로봇윤리 분야

현재 단계의 윤리 일반 이론들의 일반적 견해

윤리 이론	일반적 견해
의무론	인간을 위한 보호와 배려가 케어 로봇에 입력된 임무 그 자체다. 여기에는 어떤 도덕적 의미가 포함된 것이 아니다. 또한 인성(human nature)에서 벗어나 케어 로봇에 대한 특정 성 정체성의 부여는 불가능하다.
공리주의	케어 대상자들이 개별적으로 자신의 욕구를 충족하기 위해 케어 로봇에 대한 성 정체성을 요구하는 것은 전체 사회의 궁극적인 존엄성(dignity)의 실현에는 위배되는 것이다.
덕윤리	케어 로봇이 인간과 함께 생활하더라도, 인간처럼 직접적인 경험에 대한 반성적 삶을 영위할 수 없다.
책임윤리	케어 로봇을 관리 및 통제하고 조절하는 최종 결정권은 인간에게 있어야 한다.
정서주의	인간과 케어 로봇의 정서 교류는 본질적으로 불가능하다. 모든 교류는 인간 대 인간의 대면교류에서 비롯되는 것이다.

현재 윤리 일반 이론에서 바라보는 로봇은 인간을 위한 수단적/보조적 기능을 담당한다. 예컨대, 수술용 로봇이 수술을 시술하더라도, 이는 로봇이 스스로 자율적으로 시술하는 것은 불가능

하다. 의료용 로봇은 오직 전문 지식과 자격을 갖춘 의사의 통제 하에서 활용될 때에만, 그 가치가 있다.

【표 4-9-3】 메디컬/헬스케어 로봇윤리 분야

2030년 이내 윤리적 논쟁의 주요 양상

윤리 이론	미래의 조건	논쟁적 견해
의무론	인간의 선의지(good will)를 투영한다면,	케어 로봇은 케어 대상인 사용자(환자)를 목적 그 자체로 간주하고 케어할 수 있고, 이 경우 '제한된' 의무를 실행하기 위한 자기 성 정체성 부여는 '제한적' 범위에서 가능할 수도 있기 때문이다.
공리주의	최대 행복을 질적으로 고려하는 능력을 부여한다면,	케어 로봇의 성 정체성을 통해 사용자(환자)가 질적 행복을 추구할 수 있다는 '제한된' 범위에서 정당화될 수도 있기 때문이다.
덕윤리	대상과 수준에 맞춰 덕성의 코드를 입력한다면,	사용자(환자)의 대상과 수준을 고려해서, 이와 비슷한 수준의 '제한된' 케어 로봇을 사용할 경우에는 인간에 대한 반성적 역할을 제공할 수 있기 때문이다.

윤리 이론	미래의 조건	논쟁적 견해
책임윤리	공동체와의 연관성 속에서 책임 판단의 능력을 부여한다면,	그렇다고 하더라도, 모든 책임은 인간에게 있기 때문이다. 다만 이 경우 그 책임은 케어 로봇 관리자, 설계자, 제작자, 사용자 중 어느 누구에게 있는지의 문제가 있을 수 있다. 이들 중 '제한된' 범위의 책임이 있기 때문이다.
정서주의	최소한 사랑, 애통함 등의 정서 코드를 입력한다면,	연령과 대상에 따른 정서코드를 입력한다면, 각 연령별/성별에 따른 수준별 케어 로봇은 사용자(환자)와 '제한된' 정서교류는 가능할 수 있기 때문이다. 그래서 인간 대 인간의 직접적인 접촉이 필요하지 않을 수도 있기 때문이다.

2030년까지 메디컬/헬스케어 분야에서 로봇이 제한된 자율성을 갖는 방향으로서 기술이 발달할 가능성이 크다. 이 분야의 특성상 가장 중요한 논제가 될 가능성은 책임과 정서의 분야에서 발생할 것이다. 특수한 사용을 위해 설계자들이 입력한 제한된 목적의 알고리즘 기술과 프로그램들은 로봇에게 제한된 자율성의 능력을 부여한다. 이럴 경우 로봇은 동일한 범위에서 인간의 통제 및 관리 범위를 벗어난다. 가령, 로봇은 환자 케어를 위한 심박수

및 온도 측정의 범위에서 자율적 판단에 따른 자신의 능력을 실행할 수 있다.

【표 4-9-4】 메디컬/헬스케어 로봇윤리 분야

최소 원칙은 무엇인가?

최소 도덕	메디컬/헬스케어 로봇에 대한 제약과 통제의 범위

이 분야에서 로봇의 제한된 자율적 능력 수행의 범위가 넓을 수도 있다는 점을 고려한다면, 메디컬/헬스케어 로봇이 입력된 업무를 수행할 때, 담당의사 등 전문가들의 직접적인 또는 간접적인 통제를 받아야 한다는 명령에 최소한의 도덕적 합의를 마련할 수 있다.

5) 서비스, 엔터테인먼트 : 독신자용 로봇윤리 분야

▶ 2030년 이내 가능한 미래 시나리오

로봇은 인간의 제스처와 음성을 인식하고, 실내에서 비-모델 환경을 인식한다. 그리고 공간인식 및 카테고리를 분류, 특정 공간을 시맨틱으로 연상하고, 몰과 빌딩구조 등으로 확대 인식한다.

기본적으로 청소부와 가정부의 역할을 담당할 수 있다. 일정한 인간 감정을 인식해서 표현하는 감성형 엔터테인먼트 로봇(장난감 + 오락 + 게임 + 대화형)이 등장한다(제어로봇시스템학회, 2010: 93, 96).

이에 따른 생활의 변화 모습은 다음과 같다. E 씨는 작은 아파트에서 혼자 거주한다. 아파트에 딸려 있는 로봇은 E 씨의 시중을 든다. 출근 시간에 맞춰 로봇이 음악을 틀어 E 씨를 기상시킨다. 로봇은 E 씨가 세수를 마치는 동안 시리얼이나 토스트 등 간단한 아침식사를 준비한다. 로봇은 외부 감시 및 경비 기능을 갖추고 있어 안전한 주거환경을 만들어 준다.

점심식사를 마친 D 씨는 얼마 전부터 골프 숙달을 위해 근처 연습장으로 가서 로봇에게 지도를 받는다. 골프 지도 로봇은 D 씨의 체격과 체력 등을 검토해 적절한 운동량과 자세 교정 등을 지시한다. 개인 운동 교습용 로봇은 골프장뿐만 아니라 테니스장, 헬스클럽 등에 비치되어 있어 개인정보에 따라 맞춤형 교습을 실시한다(제어로봇시스템학회, 2010: 122~124).

【표 4-10-1】 서비스 엔터테인먼트 로봇윤리 분야: 독신자용

윤리적 쟁점

윤리적 쟁점	1. 더 자극적인 서비스 및 엔터테인먼트 프로그램에 점차 중독될 가능성은 전혀 없는가?
	2. 감시 기간 중 외부 방문자에 대한 오류 인식의 가능성은 전혀 없는가? 있다면, 어떤 문제가 발생할 수 있을까?
	3. 독신자가 사랑하는 사람, 죽은 가족 구성원과 동일한 로봇의 외형을 요구한다면, 이를 허용해야 하는가?
	4. 독신자가 자신의 욕구 충족을 위해 로봇의 외형을 자신의 이상형의 모습으로 요구한다면, 이를 허용해야 하는가?

2030년까지 핵가족 중심의 사회 구조가 더욱 심화되면서 독신자의 비율도 증가하는 등, 서비스 및 엔터테인먼트 분야의 로봇이 본격적으로 등장할 것으로 기대된다. 이런 과정에서 개발될 로봇은 집안의 음식, 청소, 집관리뿐만 아니라 기본적인 오락기의 기능까지 담당한다. 이럴 경우, 인간 대 인간의 관계성의 폭은 매우 좁아지면서 심각한 윤리적 문제들이 발생한다.

【표 4-10-2】 서비스 엔터테인먼트 로봇윤리 분야: 독신자용

현재 단계의 윤리 일반 이론들의 일반적 견해

윤리 이론	일반적 견해
의무론	아무리 독신자라고 하더라도, 자신과 타인에 대한 목적 그 자체로서의 선의지가 중요하다. 추모의 목적이든 개인 욕구의 충족이든, 로봇의 외형을 특정 인격으로 요구하는 것은 결코 허용될 수 없다.
공리주의	로봇의 외형이 독신자의 삶과 행복의 질을 진정으로 극대화할 수 있다는 점은 궁극적인 한계가 있다. 그러나 결과주의적 양상에서 보면, 시장원리에 의한 소극적 자유의 측면에서 가능할 수도 있다.
덕윤리	게임 중독을 방지하기 위한 덕 교육을 더욱 더 강화해야 한다.
책임윤리	게임 중독을 방지하기 위한 청소년 게임 제한 등의 규범을 더욱 확대 시행해야 한다.
정서주의	독신자가 사랑하는 사람과 외형이 같은 로봇과의 정서 교류는 불가능하다.

현재 단계에서 윤리 일반 이론들은 로봇을 인간을 위해, 인간에 의한 수단적 도구에 국한시켜 본다. 이런 점에서 로봇 사용에 따라 폐단이 크다면, 즉각적인 제재가 필요하다는 것이다.

【표 4-10-3】 서비스 엔터테인먼트 로봇윤리 분야: 독신자용

2030년 이내 윤리적 논쟁의 주요 양상

윤리 이론	미래의 조건	논쟁적 견해
의무론	인간의 선의지(good will)를 투영한다면,	독신자로 하여금 자신이 사랑하거나 그리워하는 인격체로서 다가설 가능성이 있기 때문이다. 그런데 이는 '복제'에 관한 또 다른 논쟁이 존재할 수 있다.
공리주의	최대 행복을 질적으로 고려하는 능력을 부여한다면,	추모의 목적과 같은 고상한 욕구일 경우, 독신자의 질적 행복을 추구하는 데 기여할 수 있기 때문이다. 그러나 그 외 저급한 욕구 충족을 위한 로봇 외형 요구는 불가능하다.
덕윤리	대상과 수준에 맞춰 덕성의 코드를 입력한다면,	그렇다고 하더라도, 독신자가 자극적인 서비스 엔터테인먼트의 유혹에 여전히 빠져들기 쉽기 때문이다. 로봇이 덕윤리 교육 프로그램을 사용자에게 어느 정도 범위에서 실행해야 하는지의 문제가 있다.

윤리 이론	미래의 조건	논쟁적 견해
책임윤리	공동체와의 연관성 속에서 책임 판단의 능력을 부여한다면,	오히려 독신자는 로봇에게로 모든 책임을 전가시킬 수 있기 때문이다.
정서주의	최소한 사랑, 애통함 등의 정서 코드를 입력한다면,	오히려 새로운 형태의 '복제' 및 인간화된 로봇의 출현을 제기할 수 있기 때문이다.

독신자를 위한 개별 서비스 로봇이 제한된 인간의 도덕적 능력을 갖추게 되면, 사용자인 독신자와 제한된 프로그램들이 입력된 로봇과의 관계는 사용자에 의해 로봇의 존재가 부여된다. 이런 점에서 미래에 사용자들의 독신자용 로봇에 대한 윤리적 문제는 매우 심각한 수준으로 나아갈 수 있다.

【표 4-10-4】 서비스 엔터테인먼트 로봇윤리 분야: 독신자용

최소 원칙은 무엇인가?

최소 도덕	독신자용 로봇에 대한 제약과 통제의 범위

2030년까지 개발될 수 있는 독신자용 서비스 로봇은 무엇보다 제한된 범위에서 도덕적 자율성을 갖출 가능성이 점차 커지고 있다. 사용자인 독신자가 이 서비스 로봇에 다양한 경험들에서 자신의 존재 의미를 부여할 수 있기 때문에, 독신자용 로봇은 일정한 제약과 통제(정부 또는 판매자의 네트워크)를 받고 있어야 한다는 최소한의 합의를 확립할 수 있다.

6) 가정교육용 및 네트워크형 로봇윤리 분야

▶ 2030년 이내 가능한 미래 시나리오

다수의 회사들이 보유한 H/W, S/W 통합, 활용할 수 있는 체계 및 솔루션이 개발되어 자유롭게 회사들이 솔루션을 공유하고, 사용자는 손쉽게 고수준의 로봇을 만들 수 있다. 웹을 통해 디지털 교과서와 연계함으로써 로봇 활용 교육이 극대화되고, 온라인 및 방송매체를 통해 사용자가 다양하고 창의적인 로봇을 만들 수 있다(㈜Robotis, "미니멀리즘〔Minimalism〕 기반 UCR〔User Created Robots〕 기술 개발"〔2011〕, 287~306쪽 참조). 또한 교실에서 로봇은 상호작용성(사물인식, 음성인식, 터치), 이동성(자율주행, 수동주행), 관계성(안면표정, 정서적 언어 사용)의 플랫폼을 갖추어 로봇-학생, 로봇-교사, 로봇-환경, 로봇-서버를 통한 원격 교육을 담당할 수 있다(유진로봇, 2011: 235~243).

이에 따른 생활의 변화 모습은 다음과 같다. 가정교육용 로봇은 중학생 C 양이 전학한 학교의 네트워크와 연결되어 있으며 과제 및 가정학습을 도와준다. C 양은 며칠 전부터 새로 들어가게 될 학급의 학생들을 살펴보고, 자신의 정보를 업로드해 자기소개를 미리 마친다. 방과 후 귀가한 C 양은 가정교육용 로봇의 도움을 받아 숙제를 하고 복습 및 예습을 마친다. 엄마 B 씨는 가정교육용 로봇의 네트워크를 통해 교사와 상담을 한다. 가정교육용 로봇은 지금까지 누적된 C 양의 학습능력 및 적성 등을 파악하여 담임교사에게 전달하며, 교사는 그에 따라 학생을 지도하고 B 씨는 자녀의 진로를 권장하는 한편 미흡한 부분을 보충하도록 권한다(제어로봇시스템학회, 2010: 120).

【표 4-11-1】 가정교육용 및 네트워크형 로봇윤리 분야

윤리적 쟁점

윤리적 쟁점	1. 단지 지식 습득의 수준을 넘어 친구 간의 관계를 돈독하게 형성하는 데 기여할 수 있을까?
	2. 가정교육용 로봇에 몰입하여 굳이 학교에 갈 필요가 없지 않겠는가?
	3. 로봇 성능의 차별에 따라 가격이 결정되면, 이는 또 다시 빈부 격차를 심화시킬 수 있는 것은 아닌가?

현재 교육용 로봇 분야는 의료분야 및 군사분야와 더불어 로봇 기술 발전을 주도하고 있다. 유아용 놀이로봇 단계에서 교육용의 목적까지 접목되고 있고, 학교 교실에서는 실제 교사없이 교육용 로봇의 보조로 수업을 진행할 수도 있다. 이러한 발전 속도를 감안할 때, 이번 분야에서 제기될 수 있는 쟁점들은 주로 사교육 강화, 빈부의 격차 심화, 본래 교육의 목적과 취지와 관련해서 제기될 것이다.

【표 4-11-2】 가정교육용 및 네트워크형 로봇윤리 분야

현재 단계의 윤리 일반 이론들의 일반적 견해

윤리 이론	일반적 견해
의무론	친구 간의 관계를 돈독하게 형성하는 데 기여할 수 없으며, 의무교육은 이수해야 한다.
공리주의	지식 습득이 없다면, 친구 간의 상호 최대 행복을 산출할 수 없고, 교육을 통해 최대 행복의 목표인 존엄성 실현에 노력을 기울여야 한다.
덕윤리	우정은 오랜 기간 동안 친구 간의 다양한 경험들에서 형성되는 덕이라고 할 수 있다.
책임윤리	친구 간의 약속과 책임을 다해야 한다.
정서주의	인간 대 인간 간의 정서교류에서 네트워크형 가정교육용 로봇이 정서적 개입을 하는 것은 불가능하다.

현재 단계에서 가정교육용 및 네트워크 로봇에 대한 윤리적 입장의 중심은 인성 함양이라는 교육의 본질, 교육 공동체에서의 교사－학생, 학생－학생, 교사－학부모 간의 관계에 있다. 여기서 로봇은 교육의 목적을 실현하는 데 유용한 도구로서만 가능해야 한다.

【표 4-11-3】 가정교육용 및 네트워크형 로봇윤리 분야

2030년 이내 윤리적 논쟁의 주요 양상

윤리 이론	미래의 조건	논쟁적 견해
의무론	인간의 선의지(good will)를 투영한다면,	사용자의 의도와는 상관없이 로봇이 자율적으로 상대방(친구, 교사, 학부모)에 대한 사용자의 의무를 강제할 수 있기 때문이다.
공리주의	최대 행복을 질적으로 고려하는 능력을 부여한다면,	성적 및 성과 위주의 지식 교육에 치우쳐 오히려 공교육을 약화시키고 사교육을 강화시킬 수 있기 때문이다.
덕윤리	대상과 수준에 맞춰 덕성의 코드를 입력한다면,	학습자의 덕성이 계발되어야 함에도 불구하고, 로봇의 알고리즘에 의해 학습자의 덕성 계발을 저해할 수 있기 때문이다.
책임윤리	공동체와의 연관성 속에서 책임 판단의 능력을 부여한다면,	로봇–학생, 로봇–교사, 로봇–학부모의 가정–로봇–학교의 연결에서 로봇이 책임 주체로 등장할 수 있기 때문이다.

윤리 이론	미래의 조건	논쟁적 견해
정서주의	최소한 사랑, 애통함 등의 정서 코드를 입력한다면,	정서적 교류를 하는 가정교육용 로봇으로 인해 학생, 학부모, 교사 간의 직접적인 정서 교류가 간접적인 교류로 진행되어, 학생, 학부모, 교사들이 모두 가정교육용 로봇에 의존할 수 있기 때문이다.

2030년 이내에 교육용 로봇은 가정과 학교 현장에서 교사-학생-학부모 간에 상호 네트워크로 연결되어 공간적 제약 없이도 교육의 기능을 수행할 수 있다. 하지만 각종 알고리즘과 프로그램들이 통합적으로 작동할 때, 로봇의 자율적 기반이 제한적이지만 작용할 가능성이 크다. 또한 로봇 사용의 편리성에 따라 의존도가 높아짐으로써 로봇이 교육의 주체로 등장할 가능성이 크다. 나아가 공간적 제약을 벗어남으로 인해, 로봇은 사교육 분야에서 더 활성화될 수 있고, 이는 빈부의 격차에 따라 로봇의 기능이 크게 달라질 수 있는 문제가 나타날 수 있다. 이로 인해 학교 교육에 대한 패러다임이 크게 변화할 수 있는 가능성이 있다.

【표 4-11-4】 가정교육용 및 네트워크형 로봇윤리 분야

최소 원칙은 무엇인가?

최소 도덕	가정교육용 로봇은 지식 습득, 학생-교사-학부모 간의 정서적 소통의 보조 역할에 머물러야 한다.

2030년 이내에 가정교육용 및 네크워크 분야의 로봇은 교사, 학생, 학부모 사이에서 활용도가 매우 높기 때문에, 현재 단계에서 교육의 유용한 도구로서 기능하고 있다고 하더라도, 앞으로 교육의 주체들이 로봇에 의존할 가능성이 매우 크다. 이런 점에서 로봇은 학습자들의 지식 습득의 도구, 교사들의 학습활용 도구, 교사-학생-학부모 간의 소통을 전달하는 보조적 도구에 머물러야 한다.

7) 탐사 로봇윤리 분야

▶ 2030년 이내 가능한 미래 시나리오

광산 개발을 위해 자동덤프 트럭과 로봇 드릴 머신이 등장하고, 크레인은 자동화되며, 재난 시에 구급팀을 지원하는 자율적인 로봇이 등장한다. 환경보호를 위해 위험한 공장을 해체할 수 있고 오염을 청소하는 로봇이 등장한다. 심해 연구를 위한 해저 로봇,

심해의 기름 및 가스 장치를 수리하거나 심해의 재난에서 인명을 구조할 수 있는 로봇이 등장한다. 무인비행기는 일기예보, 환경감시, 교통통제, 순찰 등의 영역으로 그 임무가 확대되고, 우주 탐험에서는 자동제어, 자율적 통제가 가능한 탐험 로봇이 활용된다(제어로봇시스템학회, 2010: 94~95).

이에 따른 생활의 변화 모습은 다음과 같다. 농장일을 하는 E 씨는 지능형 통합 시스템을 통해 해양, 육지, 하늘에서 무인자율 운행 로봇으로 이동하고, 무인비행기에서 전송되는 일기예보의 도움을 받아 작물재배에 필요한 최적의 환경을 조절할 수 있다. 양식업을 하는 D 씨는 지능형 통합 시스템에서 제공하는 자료를 통해 양식장의 오염도를 알 수 있고, 양식장 청소관리 로봇이 양식장 수질 관리 및 오염물을 제거한다. 국가적으로 심해 연구를 위해 심해탐사용 무인로봇이 투입된다(㈜대양전기공업, 2011: 222).

【표 4-12-1】 탐사 로봇윤리 분야

윤리적 쟁점

윤리적 쟁점	1. 탐사로봇이 오작동을 일으켜 고장이 나면, 환경에 대한 심각한 파괴가 발생하지 않는가? 인공위성 우주 쓰레기는 누구의 책임인가?
	2. 어떤 탐사든 로봇을 통해 한정된 자원을 빠른 속도로 편리하게 개발하는 것은 생태계의 혼란을 야기하고, 결국 인류의 파멸을 더욱더 앞당기는 것은 아닌가?

현재 탐사로봇의 분야는 환경문제, 심층 해양 및 지층 탐사, 군사 및 재난 구조 등의 목적으로 활성화되고 있다. 그 범위는 지구를 넘어서 우주 전체로 확대될 추세다. 현재 나타난 문제로 비춰볼 때, 2030년까지 주로 등장할 수 있는 윤리적 쟁점들은 인공위성의 잔해와 같은 우주 쓰레기, 또는 오작동으로 인한 탐사로봇 파기에 따른 환경문제, 그리고 탐사의 용이성을 통한 자원개발이 향후 미래에 미칠 자원고갈 및 책임 문제 등에서 주로 제기될 것이다.

【표 4-12-2】 탐사 로봇윤리 분야

현재 단계의 윤리 일반 이론들의 일반적 견해

윤리 이론	일반적 견해
의무론	인간이 위험에 처할 수 있는 곳에서 로봇은 도구로 활용되어야 한다.
공리주의	인간 삶의 질을 개선시킬 목적으로 로봇은 활용되어야 한다.
덕윤리	인간의 궁극적인 행복을 실현하기 위해 로봇 사용자들의 덕성을 먼저 계발해야 한다.
책임윤리	기술적 편의성에 점차 의존하게 되는 것에 경계와 두려움을 가져야 한다.
정서주의	로봇은 생태계의 일원으로서 자연과 인간이 정서적 교감을 가질 수 없다.

현 단계에서 탐사로봇에 대한 분야는 책임윤리의 분야에서 가장 경계의 대상이 될 수 있다. 재난 및 구조분야의 로봇 활용은 오히려 인간의 생명과 존엄성을 토대로 재난을 당한 사람들과 구조활동가들의 생명과 안전에 기여한다는 점에서, 즉 인간을 위한 수

단으로 활용되고 있다는 점에서 긍정적이다. 반면에 전우주의 영역으로 확대될 수 있는 탐사로봇은 기술적 통제와 관리의 확신이 과학적으로 증명된다고 하더라도, 탐사에 따라 향후 미래 인간의 삶에 미칠 영향은 불확실하다.

【표 4-12-3】 탐사 로봇윤리 분야

2030년 이내 윤리적 논쟁의 주요 양상

윤리 이론	미래의 조건	논쟁적 견해
의무론	인간의 선의지(good will)를 투영한다면,	인간이 위험에 처했을 때, 인간을 구출하기 위해 로봇 스스로의 희생 결정을 내릴 수도 있기 때문이다.
공리주의	최대 행복을 질적으로 고려하는 능력을 부여한다면,	삶의 질적 조건 개선을 위해 탐사의 범위를 자의적으로 확대할 수도 있기 때문이다.
덕윤리	대상과 수준에 맞춰 덕성의 코드를 입력한다면,	새로운 환경이나 대상에 대해 준자율적으로 대응함으로써 인간 관리자나 사용자의 사려 분별의 수준을 떨어뜨릴 수도 있기 때문이다.

윤리 이론	미래의 조건	논쟁적 견해
책임윤리	공동체와의 연관성 속에서 책임 판단의 능력을 부여한다면,	무조건적인 환경 파괴의 위험 알고리즘 입력으로 인해 오히려 꼭 탐사해야 하는 위험 지대까지 업무 수행을 스스로 파기할 수도 있기 때문이다.
정서주의	최소한 사랑, 애통함 등의 정서 코드를 입력한다면,	인간에 대한 정서 교류의 범위가 자연으로 확대되어 사용자의 정서 교류보다 자연과의 정서 교류가 상위 영역으로 정착될 수도 있기 때문이다.

2030년까지 탐사로봇이 제한된 특수 목적의 자율성을 수행할 경우에는 분야별로 현재 수준과 유사한 윤리적 딜레마에 빠질 수 있다. 재난구조의 경우, 인간의 존엄성을 실현하기 위해 통합 알고리즘에 의해 운용될 수 있지만, 제한된 범위에서 자율성이 주어진다면, 구조대상자를 위험에 빠뜨릴 수도 있다. 마찬가지로 탐사 분야도 마찬가지로 주어진 프로그램을 수행하기 위해, 환경 전반에 위험을 줄 수 있는 상황에서 통제자인 인간의 명령을 거부해서 입력된 프로그램을 수행할 수도 있다. 이럴 경우 환경 전반의 문제를 일으킬 수 있다.

또한 통제권자인 탐사로봇 사용자의 덕성과 책임의식이 무엇보다 중요하게 작용한다. 구조 및 탐사 현장에 대한 직접적인 판단을 로봇을 통해 결정 내려야 하기 때문에, '누구를 구할 것인가?', '대신에 누구를 희생시킬 것인가?', '전체 환경을 고려할 수 있는가?' 등의 제반 딜레마에 대한 윤리적 반성 능력을 갖추어야 한다.

【표 4-12-4】 탐사 로봇윤리 분야

최소 원칙은 무엇인가?

최소 도덕	통합적인 지능형 시스템 알고리즘과 프로그램에 대한 통제권과 탐사로봇의 자율성 범위의 설정

2030년까지 제한된 자율성을 가진 탐사로봇이 등장할 때, 위와 같은 딜레마를 해소하기 위해서 최소한 통합 알고리즘과 입력 프로그램의 자율성은 최종적으로 통제 및 관리자의 명령에 절대적 복종에 있어야 한다.

8) 군사 로봇윤리 분야

▶ **2030년 이내 가능한 미래 시나리오**

다양한 종류의 군사 로봇이 계발되고 있다. 현재 무인정찰기 및 무선조정무인기의 수준을 넘어서 보초용, 구조용(BEAR), 지원용(BIG DOG), 100개의 로봇 수색대(CENTIBOTS)의 종류로 세분화되고 있다. 또한 곤충 사이보그 수색대(Hi-MEMS), 생물체 로봇, 냄새 수색용 파리 로봇(Robofly), 공룡 로봇(Dinosaur Robot), 코끼리 코 탱크(Elephant Trunk), 뱀 로봇(Snake Robot)인 Snoopy, Schmoopie, 바닷가재 로봇(Robo-Lobster)의 종류들이 등장한다.

이에 따른 변화의 모습은 다음과 같다. 본격적으로 전투에 비휴머노이드 타입의 전투로봇들이 많이 투입된다. 산악 등 험한 지형에서도 놀라운 기동을 보여주는 수송 로봇이나 정찰용 마이크로 비행 로봇, 또 피아식별을 분명히 하면서 적에게 결정적인 타격을 입힐 수 있는 부비트랩 로봇 등이다(제어로봇시스템학회, 2010, 129쪽 참조). 이러한 로봇들은 군집지능 라우팅로봇들로 구성될 수도 있다. 군집에 속한 각 로봇은 통신 가능한 radio map에서 상호 연결되어 라우팅 통로가 된다. 이처럼 각 로봇은 중계 임무를 통해 군집단위로 전투를 수행할 수 있다(한국전자통신연구원, 2011: 326~328).

【표 4-13-1】 군사 로봇윤리 분야

윤리적 쟁점

윤리적 쟁점	1. 무고한 민간이 다칠 수 있음에도 불구하고, 전투로봇에 대해 공격 명령을 내리는 것은 정당화될 수 있는가?
	2. 전투로봇의 즉각적인 현장 대처(공격) 능력을 인정해야 하는가?

현재 무인 정찰기 수준을 넘어 현장 전투 능력까지 갖춘 집단적 전투로봇이 등장할 수 있는 기술적 수준에서 지속적인 논쟁으로 남을 수 있는 문제는 군사 작전 수행 과정에서 민간인 희생의 정당화에 관한 것이다. 특히 군사 로봇 운용에서 조그마한 실수는 용납될 수 없다. 전시상황에서든 비전시상황에서든 그러한 실수는 무엇보다도 민간인의 대량 살상으로 이어질 수 있다.

【표 4-13-2】 군사 로봇윤리 분야

현재 단계의 윤리 일반 이론들의 일반적 견해

윤리 이론	일반적 견해
의무론	무고한 민간인 희생은 결코 정당화될 수 없다.
공리주의	최대 행복의 질적 개선은 무고한 민간인을 보호하는 데 있다.
덕윤리	무엇보다 전투로봇을 조종하고 통제하는 사람의 덕을 계발해야 한다.
책임윤리	전투로봇 사용이 인류 전체에 대해 가져올 결과에 대해 우려해야 한다.
정서주의	전투로봇을 조종하는 사람은 도덕적 정서를 갖추어야 한다.

전쟁 자체에 대한 정당성의 문제를 예외로 하고, 군사용 로봇에 대한 현재 수준에서 윤리 일반 이론의 견해는 적군을 포함한 인간을 대량 살상하는 것이 커다란 논쟁이다. 이는 궁극적으로 현재 무인 정찰기 및 전투기의 운용에서 이 무기를 통제하는 전문 군인이 어떤 덕을 갖고 있느냐에 따라 그와 같은 대량 살상의 결과가 완전히 달라질 수 있다는 점과 직결된 문제다.

【표 4-13-3】 군사 로봇윤리 분야

2030년 이내 윤리적 논쟁의 주요 양상

윤리 이론	미래의 조건	논쟁적 견해
의무론	인간의 선의지(good will)를 투영한다면,	적군은 아군을 목적이 아닌 도구로 간주했기 때문에, 전투로봇이 자율적으로 판단해서 적군을 사살할 수도 있기 때문이다.
공리주의	최대 행복을 질적으로 고려하는 능력을 부여한다면,	질적 행복의 극대화를 위해 민간인의 희생을 최소화하는 것과 적군의 지휘부를 공격하는 계산에서 민간인을 희생하더라도 지휘부를 공격할 수도 있기 때문이다.
덕윤리	대상과 수준에 맞춰 덕성의 코드를 입력한다면,	민간인으로 위장한 적군에 대해 전투로봇 관리자가 공격 명령을 내렸을 때, 민간인에 대한 배려로 인해 로봇 스스로 거부할 수도 있기 때문이다.
책임윤리	공동체와의 연관성 속에서 책임 판단의 능력을 부여한다면,	아군의 승리를 위해 민간인 희생을 정당화할 수 있거나 반대로 전체 인간을 위해 스스로 공격 명령을 거부할 수 있기 때문이다.
정서주의	최소한 사랑, 애통함 등의 정서 코드를 입력한다면,	사랑, 희생, 애통함과 같은 보편성을 지향하는 도덕적 정서로 인해 항복을 위장한 적군에 대해 오판을 함으로써 아군에 큰 피해를 안겨 주거나, 반대로 공격 명령을 스스로 거부할 수도 있기 때문이다.

2030년 내에 군사용 로봇의 활용은 국지전의 양상에 따라 제한적 범위에서 자율성을 발휘할 가능성이 매우 크다. 하지만 통합적이고 집단적인 알고리즘의 개발로 인해 군사용 로봇은 전파전 현장에서 즉각적이고 기술적인 자율 대응 능력과 소대 단위의 현장 전투에서 즉각적인 자율 능력이 부여될 때, 적군과 민간인 모두 받을 피해의 정도는 심각한 수준에 이를 수 있다. 무엇보다 현장에서 민간인의 희생은 결코 정당화가 될 수 없음에도 불구하고, 전쟁 및 전투라는 특수성에서 이와 같은 희생은 필요악으로 정당화 절차를 밟을 수 있다.

【표 4-13-4】 군사 로봇윤리 분야

최소 원칙은 무엇인가?

최소 도덕	군사용 로봇 사용에 대한 국제적 가이드라인 또는 협약

전쟁의 특수성을 감안하더라도, 군사용 로봇에 의한 인간으로서 군인과 민간인 희생을 최소화하려면, 무엇보다도 군사용 로봇 사용에 대한 국제적 가이드라인 또는 협약을 이끌어 내야 한다. 또한 기술적으로 적군과 아군, 민간인에 대한 식별 능력의 기술과 알고리즘이 확실하게 보장되어야 하며, 군사용 로봇을 통제하는

전문 군인의 덕성도 함께 계발되어야 한다.

9) 엔터테인먼트 및 유희 로봇윤리 분야

▶ 2030년 이내 가능한 미래 시나리오

소니는 1999년 로봇 장난감 아이보를 판매하였다. 이 로봇은 소프트웨어로 제어되는 개성과 기능을 가진 로봇장난감 강아지로서 주인과 상호작용을 통해 성격을 형성하고, 춤추고, 울고 보호하고 놀 수 있다. 이처럼 로봇은 실제 환경의 복사 혹은 축소판, 오래 전에 존재했던 것의 재현, 실제 혹은 가상 동물의 재현 등 실제 환경을 만들 수 있게 한다. 이 과정에서 사용자는 가상이 아닌 생생한 실제 상호작용 경험이 생기는 것이다. 특히 로봇은 치료이든 매춘이든 많은 분야에서 성적 유희 상대가 될 수 있다(제어로봇시스템학회, 2010: 39). 휴머노이드가 인간의 이족보행, 손의 기능, 두발구동을 모방함으로써 2020년에는 인조인간피부의 획기적인 기술과 항상성 기술로 인해 안드로이드와 인간의 성관계가 보편화될 것으로 보인다(제어로봇시스템학회, 2010: 117~118).

이에 따른 생활의 변화 모습은 다음과 같다. 성범죄 발생을 억제하기 위한 일환으로 정부는 유희로봇을 대상으로 한 성관계를 허용하기로 결정하였다. 이는 많은 논란을 일으키고 있다. 이 정

책을 반대하는 사람들은 유희로봇이 인간의 성적 욕구 충족만을 해소하는 것이기 때문에, 이 정책은 오히려 인간을 성적 노예로 전락시키는 것이지, 성범죄 예방에 대한 근본적 해결책이 될 수 없다고 비판한다. 하지만 이에 대한 반론도 제기된다. 성적 자기결정권을 행사하는 데 제약을 받는 주로 노약자 및 장애인 등의 소외 계층의 사람들에게는 비록 유희로봇이라고 하더라도 성적 자기결정권을 행사하는 중요한 계기가 될 수 있다는 것이다.

【표 4-14-1】 엔터테인먼트 및 유희 로봇윤리 분야

윤리적 쟁점

윤리적 쟁점	1. 유희로봇이 담당하는 있는 성관계는 인간적인 것인가? 아니면 단순한 도구적인가?
	2. 인간적인 성관계의 실현을 위해 선천적이거나 후천적인 성적 장애를 가진 사람들을 위해서만 유희로봇 사용은 정당화될 수 있는가?
	3. 유희로봇의 활용은 어떻게 통제될 수 있을까?

엔터테인먼트 분야에서 가장 윤리적 쟁점의 부분은 유희로봇이 정당화될 수 있는지의 문제이다. 문자 그대로 '유희'를 목적

으로 하는 로봇이기 때문에, 유희로봇이 특수한 상황에 처해 있는 인간(예, 성적 치료를 필요로 하는 환자들)을 위한 수단으로 활용된다고 하더라도 그 자체가 정당화될 수 있는지가 가장 큰 쟁점일 것이다.

【표 4-14-2】 엔터테인먼트 및 유희 로봇윤리 분야

현재 단계의 윤리 일반 이론들의 일반적 견해

윤리 이론	일반적 견해
의무론	유희로봇은 성적 욕구 충족을 위한 수단에 불과하기 때문에, 허용되어서는 안 된다.
공리주의	인간의 질적 행복의 극대화를 위해서 단순한 성적 쾌락을 충족시키는 유희로봇은 정당화될 수 없다.
덕윤리	유희로봇은 성적 자기 절제의 덕을 해치기 때문에, 정당화될 수 없다.
책임윤리	단지 유희로봇은 인간의 성적 자기 욕구 충족을 위한 것이기 때문에, 궁극적으로 인간에게 많은 피해를 끼친다.
정서주의	인간이 유희로봇을 사랑해서 성관계를 갖는 것은 불가능하다.

현재 윤리 일반 이론의 유희로봇 자체는 정당화가 될 수 없다. 단, 그것이 목적이 아닌 수단으로서 특수한 대상자들을 위한 치료용 목적에 한정된다면, 운용될 가능성이 크다. 하지만 이러한 예외가 정당화될 경우, 유희로봇의 성격상 전체 사회에 음성적으로 전파될 가능성이 크기 때문에, 제도적으로 이를 방지할 수 있는 법적 제도적 장치가 필요한 시점이다.

【표 4-14-3】 엔터테인먼트 및 유희 로봇윤리 분야

▶ 2030년 이내 윤리적 논쟁의 주요 양상

윤리 이론	미래의 조건	논쟁적 견해
의무론	인간의 선의지(good will)를 투영한다면,	성적 자기결정권을 행사하려는 인간에 대해 목적 그 자체가 될 수도 있기 때문이다.
공리주의	최대 행복을 질적으로 고려하는 능력을 부여한다면,	사회의 성적 소외 계층의 질적 행복에 기여한다면, 일부분 정당화될 수도 있기 때문이다.
덕윤리	대상과 수준에 맞춰 덕성의 코드를 입력한다면,	성적 자기 절제를 통해 오히려 인간 사용자의 자기 절제를 계발할 수도 있기 때문이다.

윤리 이론	미래의 조건	논쟁적 견해
책임윤리	공동체와의 연관성 속에서 책임 판단의 능력을 부여한다면,	적절한 판단(특히 의학적 판단)에 따라 인간 사용자들이 피해를 보지 않는 알고리즘이 입력되면, 인간에 대해 성관계의 책임을 가질 수도 있기 때문이다.
정서주의	최소한 사랑, 애통함 등의 정서 코드를 입력한다면,	사회의 성적 소외 계층에 대한 정서 알고리즘이 입력되면, 그들과 진솔한 정서 교류(사랑하기)가 가능할 수도 있기 때문이다.

2030년 이내에 전개될 로봇의 기술적 수준을 감안한다면, 유희로봇에 치료용 등의 제한적인 목적의 알고리즘이 구현될 가능성이 크고, 이는 유희로봇이 사용되는 현장에서 인간이 로봇을 인격화하는 것을 의미한다. 즉, 예컨대, 인간이 성적 자기결정권을 확보하기 위해 로봇을 사용하더라도, 사용자인 인간이 로봇에게 실존적 의미를 부여할 가능성이 크다는 점이다. 이는 제한적 목적으로 유희로봇을 사용하는 인간이 스스로 유희로봇에 종속되는 결과를 낳는다.

【표 4-14-4】 엔터테인먼트 및 유희 로봇윤리 분야

최소 원칙은 무엇인가?

최소 도덕	유희로봇 사용자의 범위 설정(성적 소외 계층) 및 통제 수단 (의학적 판단)

인간의 성적 자기결정권을 존중하는 차원에서 이를 실현할 수 있는 제한적 대상자(예컨대, 치료를 위해 유희로봇을 필요로 하는 사람)를 어떻게 선정하고, 어떻게 유희로봇을 관리할 것인지에 대해, 적어도 의학적 전문가들의 진단서 발급 제도, 국가적 차원의 복지 차원에서 정부 관리 등의 기준이 먼저 시급히 마련되어야 한다.

10) 네트워크형 로봇윤리 분야 : 사회안전망 유지 관련 로봇

▶ 2030년 이내 가능한 미래 시나리오

로봇은 실내에서 전방위로 호출자를 알고, 장애물을 회피하며, 실시간으로 움직이는 사용자를 검출하고 추적할 수 있다. 동시에 비협조적인 사용자에 대한 인식이 가능하게 된다. 이와 같은 알고리즘을 다양한 소형 로봇에 적용, 공간 내에 있는 모든 대상자들을 확인할 수 있게 된다(한국전자통신원, 2011: 331~346). 또한, 센서네트워크에 의한 환경 제어와 구조물 모니터링과 구조 검사가 가능

하고, 외부의 상호작용운영 센서에 따른 감시 및 안전, 재난 시나리오에 따른 조율, 소방 관제가 가능하게 된다(제어로봇시스템학회, 2010: 93~94).

이에 따른 생활의 변화 모습은 다음과 같다. 현재 CCTV의 사회 안전 및 감시의 기능을 넘어서 외부 센서에 따른 상호작용 네트워크는 범죄의 사각지대를 거의 없애고, 수배자들을 실시간으로 인식하며, 범죄 및 재난이 발생했을 때, 경찰 및 소방 관제 업무를 신속히 전달할 수 있다. 또한 교도소에는 인간 교도관 대신에 소형 로봇이 투입된다. 감시용 소형 로봇과 상호작용 센서는 모든 공간에 있는 수감자들을 실시간으로 감시하고 통제한다.

【표 4-15-1】 네트워크형 로봇윤리 분야: 사회 안전망

윤리적 쟁점

쟁점	1. 사회의 안정을 위해 우리의 모든 것에 대한 감시는 정당화될 수 있는가?
	2. 교도소 및 유치장과 같은 장소에서 경계로봇에 의한 전방위 감시는 범죄자에 대한 인권침해인가? 범죄자를 보호하는 것인가?
	3. 직접적인 인간의 확인을 거치지 않고서도, 네트워크를 통해서 모든 시설물에 대한 안전을 확부할 수 있는가?

현재 음성 및 대상 인식, 그리고 장애물 인식 및 로봇의 움직임에 관한 기술적 수준을 고려한다면, 통합적 인공지능형 알고리즘을 토대로 각 상황에 필요한 사회안전망 로봇들이 본격적으로 등장할 가능성이 있다. 이럴 경우 통합적인 사회안전망은 반대로 절대적인 감시 체계로 전환될 가능성이 크다. 예컨대, 빠른 시일 내에 교도소 등에서 수감자를 감시·통제할 수 있는 시스템 및 로봇들이 현실적으로 상용화가 가능하게 될 경우, 사회 전반에 대한 감시 프로젝트가 인간의 안전이라는 이유로 정당화될 가능성이 크다.

【표 4-15-2】 네트워크형 로봇윤리 분야: 사회 안전망

현재 단계의 윤리 일반 이론들의 일반적 견해

윤리 이론	일반적 견해
의무론	정부가 국민 안전을 위한 목적에서 보호망을 개설하는 것은 중요한 의무의 실천이다. 다만 이것이 국민 통제의 수단이 되어서는 결코 안 된다. 교도소나 유치장에서 경계로봇은 감시 수단으로 활용될 수 있다.
공리주의	구성원들의 질적 행복 추구를 위해서는 개별적인 자유의 영역을 보장해야 한다. 무조건적인 감시 시스템에는 반대한다. 교도소나 유치장에서 경계로봇은 감시 수단으로 활용될 수 있다.

윤리 이론	일반적 견해
덕윤리	감시체계가 사회 구성원들의 덕 계발에 기여하는 수단으로서만 활용되어야 한다. 이를 실현하면 폐기되어야 한다. 교도소나 유치장에서 경계로봇은 감시 수단으로서 활용될 수 있다.
책임윤리	사회의 안전망 확보를 목적으로 한다고 하더라도, 감시 시스템의 미래 결과는 통제 사회로 나아갈 위험을 인식해야 한다. 교도소나 유치장에서 경계로봇은 감시 수단으로서 활용될 수 있다.
정서주의	구성원들을 보호하고 사랑하는 도덕적 가치의 실현 수단으로만 사용되어야 한다. 교도소나 유치장에서 경계로봇은 감시 수단으로서 활용될 수 있다.

현재 단계에서 사회안전망 유지 네트워크형 로봇은 시민들의 안전을 목적으로 실현하기 위한 수단으로만 활용되어야 한다. 그러나 이런 경우, 어느 수준의 범위까지 허용되어야 하는지는 다소 차이가 있다. 국가가 적극적으로 개인의 사적 영역까지 개입해서 안전망을 확보해야 하는지, 이에 대한 개인의 적극적의 대응의 차원에서 최소한의 사적 개입의 수준에서 머물러야 하는지, 간단히 말해 개별적인 자유에 대한 적극적 개입 또는 소극적 개입의 의견에 따라 안전망 범위 허용의 논란이 있을 수 있다.

【표 4-15-3】 네트워크형 로봇윤리 분야: 사회 안전망

2030년 이내 윤리적 논쟁의 주요 양상

윤리 이론	미래의 조건	논쟁적 견해
의무론	인간의 선의지(good will)를 투영한다면,	보호와 안전이라는 목적으로 인간에 대한 침해를 정당화할 수도 있기 때문이다. 교도소나 유치장의 수감자들을 비도덕적 수단으로 간주할 수도 있기 때문이다.
공리주의	최대 행복을 질적으로 고려하는 능력을 부여한다면,	최대 행복을 위해 감시 시스템을 통한 인간에 대한 침해를 정당화할 수도 있기 때문이다. 교도소나 유치장의 수감자들을 비도덕적 수단으로 간주할 수도 있기 때문이다.
덕윤리	대상과 수준에 맞춰 덕성의 코드를 입력한다면,	유덕한 존재로 인식해서 인간에 대한 온정적 간섭을 정당화할 수도 있기 때문이다. 교도소나 유치장의 수감자들을 교화시킬 수 있거나 또는 비도덕적 수단으로 간주할 수도 있기 때문이다.

윤리 이론	미래의 조건	논쟁적 견해
책임윤리	공동체와의 연관성 속에서 책임 판단의 능력을 부여한다면,	전체 공동체에 대한 책임의식이 확대되어 인간에 대해 무리한 간섭을 정당화할 수도 있기 때문이다. 교도소나 유치장의 수감자들을 교화시킬 수 있거나 또는 비도덕적 수단으로 간주할 수도 있기 때문이다.
정서주의	최소한 사랑, 애통함 등의 정서 코드를 입력한다면,	보편적인 도덕적 정서로 인해 오히려 인간에 대한 감시를 더 강화할 수도 있기 때문이다. 교도소나 유치장의 수감자들을 교화시킬 수 있거나 또는 비도덕적 수단으로 간주할 수도 있기 때문이다.

각 분야에서 활용될 사회안전망 로봇이 각 상황에 맞는 자율적 운용 체계를 갖게 된다면, 인간(범죄자 포함)에 대한 적극적 개입의 상황으로 이어질 가능성이 크다. 사회에서의 무고한 시민의 안전 확보를 위해, 교도소 등과 같은 곳에서 수감자들에 대한 감시 통제를 강화하기 위해 설정된 통합시스템형 알고리즘은 거의 모든 사람들의 움직임과 이동 경로를 파악할 수 있다. 이러한 수준에서 사회안전망 로봇이 개별적인 자유의 가치를 보호하기 위해서 제

한적 자율성을 갖는다면, 입력된 도덕 및 법 코드에 따라 개인에게 강제할 수 있는 개입의 범위가 확대될 소지가 있다.

【표 4-15-4】 네트워크형 로봇윤리 분야: 사회 안전망

최소 원칙은 무엇인가?

최소 도덕	구성원들의 사생활 보호 및 안전 보호 도구로서의 기능(알고리즘)과 관리 주체

2030년 이내에 발전할 수 있는 기술적 수준에서 각 분야별로 통합된 시스템(네트워크형) 사회안전망 로봇들의 알고리즘들은 최종적 결정권자로서의 사용자(관리자)에게 무조건 종속되어야 한다. 이럴 경우에 시급하게 마련되어야 할 과제는 관리자가 누가 되어야 하는 것이다. 정부 일반, 특정 장소에 대한 관리 주체, 사회 일반(기업 단체 등)의 분야별로 그 주체 범위를 세분화하고, 각 분야에 활용될 로봇의 기능을 제한하는 법률적 장치가 시급히 마련되어야 한다.

V 공학윤리로서의 로봇윤리 교육 프로그램[1]

오늘날 세계가 정보 지식 중심의 사회로 재편되면서 향후 과학기술의 전망은 매우 중요한 의미를 갖는다. 인터넷을 기반으로 생명 공학과 나노 공학의 전개는 미래 인간 삶의 질을 좌우할 것이라는 예측이 일반적이다. 신약 또는 반도체 기술 개발 등 고부가 가치 창출 산업은 개인, 기업, 국가에도 많은 영향을 미치고 있다. 이런 점에서 오늘날 다양한 분야에서 이를 활용하고 있는 공학

1) 이는 2014년도 한국교양교육학회 춘계학술대회에서 발표한 변순용·송선영, 「공학윤리교육으로서의 로봇윤리교육 프로그램 개발에 대한 연구」를 수정·보완하였다.

(engineering)의 의미는 새롭게 조명될 필요가 있다.

일반적으로 공학은 직업적 의미로서 기계, 통신, 전기, 금속, 철강 등 여러 분야의 기술을 통칭하는 것으로 사용되고 있고, 공업 분야의 신제품 및 신기술을 개발하는 학문으로 인식되고 있다(최문기, 2008: 27~28). 그리고 공학은 공학자가 기존의 지식을 통해 새로운 지식을 창조하고, 새로운 생산물을 의도적으로 생산하고자 하며, 사회적 이익을 도모하는 데 있어서 사회적 계약 관계에서 활동하는 특성을 갖는다(이대식·김영필·김영진, 2012: 34). 이와 같은 공학 기술은 실제 생활의 전 분야들에서 활용된다는 점에서 이를 설계하고 개발하는 공학자들의 의식과 책무는 특수성을 갖는다. 예를 들면, 1986년 챌린저호 참사는 공학자 로저 보이스졸리(Roger Booisjoly)가 제기한 추진로켓 마디 부분의 오링(O-ring) 부품의 기술적 결함 가능성을 순수하게 공학의 입장에서만 고려되었다면, 충분히 막을 수도 있었던 사례로 널리 알려져 있다(Harris, Pritchard, and Rabins, 2009: 1~2). 이처럼 공학에서는 매우 사소한 부품이라고 하더라도, 그것이 인간 삶에 미치는 결과를 동시에 고려할 수밖에 없다는 점이 공학과 공학자의 윤리적 사명이라고 할 수 있다. 이러한 특수성이 교육에 반영되어 시행되고 있는 과목이 '공학윤리'[2]다. 그리고 공학 및 공학자에 대한 교육의 특수성과 중요성은

2) 공학교육인증 프로그램에서 교과목의 명칭은 대학별로 다른 경우도 있다. 직업윤리, 과학기술과 윤리, 공학윤리 등의 명칭이 사용될 수 있지만, 여기서는 공학 및 공학자

국제적으로 통용될 수 있는 공학교육의 수준을 마련해 왔다는 점에서도 잘 알 수 있다. 한국은 2007년 6월 국제적 공학교육인증 협의체인 워싱턴 어코드(Washington Accord) 정회원에 가입하게 되면서, 한국에서 공학교육을 받은 졸업생들은 정회원국가들의 졸업생들과 동등한 자격을 가질 수 있다. 이와 동시에 국내 기업들도 공학교육인증프로그램을 이수한 졸업생들에게 취업시 서류전형 및 면접에서 일정한 혜택을 부여하고 있다.[3)]

공학의 활용이 점차 전문화·세분화되어 가고 있는 상황에서 미래 공학자들에 대한 공학교육의 의미는 개인, 기업, 사회, 국가, 나아가 인류 전반에 걸쳐 확대되고 있다. 따라서 이와 같은 미래 기술 분야들 가운데 공학 및 인간 삶의 새로운 국면에서 영향을 미칠 수 있는 로봇을 기존 공학윤리교육 분야에 활용하는 전망이 필요하다. 기존의 공학 분야가 전기, 전자, 기계, 화학, 항공우주 공학과 같은 독자적 영역을 중심으로 전개되었다면, 미래에는 컴퓨터, 통신, 제어의 이론과 기술 발달에 따라 각종 시스템의 자동화, 지능화, 정밀화, 신뢰화, 고성능의 방향으로 나아가고 있다.[4)]

에 대한 윤리적 특수성을 감안한 영역으로 공학윤리의 교과목 명칭이 일반적으로 사용되고 있다는 점에서 '공학윤리'의 교과목 명칭으로 사용한다.

3) 한국공학교육인증원 http://www.abeek.or.kr/htmls_kr/contents.jsp?menu_l=2&menu_m=15(검색일: 2014년 5월 20일)

4) 제어·로봇·시스템학회 설립 목적 http://www.icros.org/about/sub01_01.asp?sub_param=1 (검색일: 2014년 5월 20일)

이것의 대표적인 사례가 바로 군사용 로봇, 교육용 로봇, 의료용 로봇과 같은 로봇기술의 활용이다. 그리고 무인 전투기의 경우처럼, 현재 수준에서 제작과 활용에서 윤리적 문제들이 실제로 발생하고 있다. 우리는 공학의 발전에 따라 새로운 삶의 변화와 도전을 경험할 수 있다는 점에서 공학윤리교육에서 로봇윤리의 활용사례들을 적용하여 현재 로봇윤리교육 프로그램 개발을 검토해보고자 한다.

1. 공학인증 기준과 공학윤리교육

1) 공학인증제도의 목적과 기준

한국에서 공학교육은 미국에서 공학기술인증위원회(ABET: Accreditation Board for Engineering and Technology)[5]가 결성된 이후, 이에 부응하여 1999년 한국공학교육인증원(ABEEK: Accreditation Board for Engineering Education of Korea)에서 공학인증제도를 시행하고 있다. ABEEK는 다음과 같은 인증제도의 목적을 제시하고 있다.

5) 공학자들의 최초 집단은 17세기 군대에서 비롯되었다. 1698년 피터 대제의 Academy of Military Engineering at Moscow, 1707년 요제프 1세의 Estates School of Engineering(체코 프라하), 1747년 Ecole des Pints et Chaussees(프랑스), 1784년 프랑스혁명위원회의 Ecole Polytechnique, 1802년 미국의 US Military Academy를 들 수 있다. 19세기 중반 이후 군대가 아닌 전문가로서 공학자들이 본격적으로 활동하기 시작하였다(한경희, 2011: 15).

첫째, 인증된 프로그램을 이수한 졸업생이 실제 공학 현장에 효과적으로 투입될 수 있는 준비가 되었음을 보증한다. 둘째, 해당 교육기관이 인증 기준에 부합되는지의 여부와 세분화된 공학 교육 프로그램이 인증 기준에 부합되는지의 여부를 식별한다. 셋째, 공학 교육에 새롭고 혁신적인 방법의 도입을 장려하며, 공학 교육 프로그램에 대한 지침을 제공하고 이에 대한 자문에 응한다. 넷째, 공학교육의 발전을 촉진하고 산업과 사회가 필요로 하는 실력을 갖춘 공학기술인력을 배출할 수 있도록 기여한다.[6] 이런 점에서 공학단체 및 교육 프로그램은 전문가로서의 공학자 양성에 뚜렷한 목적을 갖고 있다.

ABEEK에서는 공학, 컴퓨터정보기술, 공학기술 분야에서 대학별 프로그램들을 인증하고 있다. 2014년 4월까지 총 98개 대학 613개 프로그램(공학: 23개 대학 512개 프로그램, 컴퓨터정보기술: 43개 대학 50개 프로그램, 공학기술: 13개 대학 51개 프로그램)이 인증을 받았다.[7] 이를 위해 구체적인 인증 기준이 되어 있고, 이 가운데 프로그램 학습성과 및 평가의 기준은 크게 다음의 기준을 충족해야 한다고 명시되어 있다.

---

6) 한국공학교육인증원 인증의 목적 http://www.abeek.or.kr/htmls_kr/contents.jsp?menu_l=2&menu_m=14(검색일: 2014년 5월 20일)

7) 한국공학교육인증원 인증 현황 http://www.abeek.or.kr/htmls_kr/contents.jsp?menu_l=4&menu_m=24(검색일: 2014년 5월 15일)

① 수학, 기초과학, 공학의 지식과 정보기술을 응용할 수 있는 능력

② 자료를 이해하고 분석할 수 있는 능력 및 실험을 계획하고 수행할 수 있는 능력

③ 현실적 제한 조건을 반영하여 시스템, 구성 요소, 공정을 설계할 수 있는 능력

④ 공학 문제들을 인식하며, 이를 공식화하고 해결할 수 있는 능력

⑤ 공학 실무에 필요한 기술, 방법, 도구들을 사용할 수 있는 능력

⑥ 복합 학제적 팀의 한 구성원으로서 역할을 수행할 수 있는 능력

⑦ 효과적으로 의사소통을 할 수 있는 능력

⑧ 평생학습의 필요성을 인식하고 이에 능동적으로 참여할 수 있는 능력

⑨ 공학적 해결방안이 세계적, 경제적, 환경적, 사회적 상황에 미치는 영향을 이해할 수 있는 폭넓은 지식

⑩ 시사적 논점들에 대한 기본 지식

⑪ 직업적 책임과 윤리적 책임에 대한 인식

⑫ 세계문화에 대한 이해와 국제적으로 협동할 수 있는 능력[8)]

나아가 이를 충족하는 공학교육인증프로그램은 학생, 대학, 산업체, 사회와 국가에 다음과 같은 효과를 기대하고 있다. 학생은 수요 지향의 교육을 이수함으로써 취업경쟁력, 해외 취업, 진학, 자격증 취득에 유리하다. 대학은 지속적인 강의 품질 개선과 졸업생의 역량을 강화시키고, 인증프로그램에 대한 우수 신입생을 유치할 수 있으며, 해외유학생 확보에 유리하다. 산업체는 창의성과 현장 적응력을 갖춘 인재를 채용할 수 있고, 신입사원 재교육을 위한 시간과 경비를 절감할 수 있다. 마지막으로 사회와 국가는 국제적 기준에 부합하는 다양한 분야의 인재를 공급하여 국가 전반의 경쟁력을 강화시킬 수 있다.[9)]

2) 공학윤리의 교육 목적과 내용

공학교육에서 윤리적 성찰은 최근에서야 강조되고 있다. 20세

8) 한국교육인증원 공학인증기준 ABEEK－2012－ABE－010 '기준2. 프로그램 학습성과 및 평가', 2쪽. http://www.abeek.or.kr/htmls_kr/contents.jsp?menu_l=2&menu_m=16(검색일: 2014년 5월 15일) 공학인증기준, 컴퓨터정보기술인증기준, 공학기술교육인증기준, 세 가지의 인증 기준이 분야별 특성에 따라 제시되었다. 각 기준에서 '기준2. 프로그램 학습성과 및 평가'의 일부 내용은 다소 다르지만, 맥락상 크게 다른 점이 없기 때문에, 가장 많은 인증프로그램이 운영되고 있는 3데 적용되고 있는 공학인증 기준을 검토하기로 한다.

9) 한국공학교육인증원 인증의 혜택 http://www.abeek.or.kr/htmls_kr/contents.jsp?menu_l=2&menu_m=15(검색일: 2014년 5월 15일)

기 초반 전문직으로서 공학자의 의무는 주로 고객이나 고용주의 이익을 보호하는 것이었고, 1985년 이후 공학전문직의 윤리적 성찰을 본격적으로 강조하기 시작하였다(Harris, et al., 2009: 16; 한경희, 2011: 15). ABET는 미래 공학자들인 학생들에게 공학의 실천에 대한 윤리적 감수성과 반성의 교육을 요청하고 있고, 이는 공학적 교훈들이 잘못되거나 간과된 결과에서 비롯되었다는 점에서 예방윤리로서 공학윤리의 특성을 강조한다. 그래서 오늘날 공학자들은 윤리적 차원에 대한 결과들을 예측할 수 있어야 하고, 그 결과들에 대한 윤리적 판단을 내려야 한다(Harris, et al., 2009: 22).

공학윤리교육은 "공학인이나 공학전공학생들을 대상으로 해서 공학윤리 내용을 교육하는 것"(김대균, 2007: 3)으로 공대생들에게 전문직업인으로서 사회적인 책임을 다하는 공학자들을 육성하고(이재승, 2008: 233), 관련 정보를 통해 윤리적 쟁점을 인식하여 합리적 대응을 할 후 있는 능력(도덕적 자율성)을 함양하는 목적을 갖는다(이택식·전영준·노재윤·박민서, 2009: 99). 즉 공학윤리는 공학이라는 전문적인 기술적 이해를 바탕으로 공학이 사회에 미치는 영향과 다양한 사례들에서 공학자들의 윤리적 성찰을 주요 목표로 갖는다.

공학윤리교육은 공학인증기준에서 제시하는 '(11) 직업적 책임과 윤리적 책임에 대한 인식'의 학습 성과 목표와 직접적인 관련이 깊은 것으로 보인다. 하지만 이 목적에만 국한될 수는 없다

무엇보다 이 기준은 '(10) 시사적 논점들에 대한 기본 지식' 증진과 함께 고려되어야 하고, 실제 쟁점과 사례들에 대해 (6)과 (7)의 학제간 팀활동에서 팀원들과 효과적인 의사소통을 진행할 수 있으며, 따라서 (9) 공학적 해결방안이 사회, 경제, 환경, 국제 사회에 미치는 영향의 학습 성과를 기대할 수 있다.

하지만 기술이 인간에게 미치는 영향에 따라 공학윤리의 본질은 다소 폭넓게 논의될 수 있다. 첫째, 기술이 인류의 복지와 행복에 미치는 영향의 문제에서 볼 때, 학생들에게 요구하는 윤리적 판단은 개별적이고 미시적이기보다 오히려 거시적이어야 한다. 둘째, 한국 사회에서 공학활동의 윤리적 측면은 공학자의 자아상에서 크게 부각되지 않았기 때문에, 공학윤리는 전문가로서의 자부심에 기초할 필요가 있다. 셋째, 공학활동 자체가 인간 삶과 인간됨의 본질에 대한 변화를 이끌 수 있다는 인문학 교육을 포함해야 한다(손화철, 2011: 21~22). 공학 활동 자체가 우리 삶의 세부적인 분야들에 활용되고 있다는 점에서 공학자의 규범적 책임만을 강조하는 것은 공학윤리교육의 목적과 내용의 범위를 좁은 영역에 국한시키는 것이라고 할 수 있다. 오히려 공학자가 가질 수밖에 없는 삼각 갈등 구조(Trilemma)에 대한 이해가 선행될 필요가 있다. 공학활동의 1차적 주체가 되는 공학자들은 일반인으로서 공동선의 지향에 대한 관심, 전문가로서 자신의 과제와 역할에 대한 관심, 그리고 조직(기업)의 구성원으로서 영리추구의 조식에 대한 성

실에 대한 관심간의 갈등을 동시에 경험하고 있다(변순용, 2006: 279). 다시 말해, 공학윤리의 거시적 측면은 공학자의 공학활동이 일반인-전문가-조직(기업)의 구성원으로서 갖게 되는 근본적인 가치 전망을 포함하고 있다.

그런데 이런 점은 공학교육과 윤리교육 영역에서 공학윤리교육에 대한 논란을 일으키는 원인이 될 수 있다.

첫째, 공학윤리교육의 대상자 문제다. 거시적 차원에서 기술이 인류에 미치는 윤리적 성찰을 고려하게 되면, 공학윤리교육은 인문학적 사유를 바탕으로 공대생을 포함한 비공대 계열의 학생들에게도 적용될 수 있다. 그러나 이는 공학자의 전문성과 특수성을 고려해야 하는 공학윤리교육의 범위를 지나치게 확대할 수 있다. 반대로 응용윤리의 영역에서 공학자들의 윤리적 행위판단에 초점을 맞추게 된다면, 공학자와 경영자 사이의 극단적인 대립구조를 강조하게 되어 '내부고발'과 같은 파국적인 개별 사례만을 강조할 위험을 안고 있다(한경희·허준행·이충용, 2009: 33).

둘째, 공학윤리교육의 방식에 대한 문제다. 여기에는 세 가지 방식을 고려해 볼 수 있다. 공학윤리를 독립된 교과로 운영하는 경우, 기존의 공학전공 커리큘럼에 공학윤리를 결합시키는 경우, 정규교육과정이 아닌 전문가 초빙 또는 온라인 강의로 활용하는 경우다. 공학윤리를 독립된 교과로 운영하는 데 있어서는 '누가' 공학윤리교육을 담당해야 할 것인가에 대한 문제가 계속 반복

될 수 있다. 즉 공학적 소양과 윤리적 소양을 모두 갖춘 교강사가 가능할 수 있는지의 문제 또는 공학과 윤리(교육)학 전공에서 어떤 전공자가 교육을 담당해야 하는 지의 논란이다. 이에 대해 학제간 팀티칭, 또는 사례 중심의 전공결합형 공학윤리교육을 대안으로 검토할 수 있다. 그러나 학제간 팀티칭의 경우에는 참여하는 교수진의 밀접한 상호작용이 지속적으로 진행되어야 하는 것이 현실적으로 어렵고, 공학윤리교육을 공학전공 학생 범위로 국한시킬 수 없다는 논란이 있다. 전공결합형 사례의 경우에는 공대 교수들이 교과 내용에 윤리적 내용을 포함시킬 수 있는지, 포함한다고 하더라도 해당 교수들이 윤리교육 및 피드백을 위한 교육지원 연수와 비용을 별도로 책정해야 하는 문제가 있다(한경희 외, 2009: 35~36).

하지만 공학윤리교육의 내용에서 윤리적 지식 또는 윤리 이론에 대한 기초 지식은 매우 중요하다. 왜냐하면, 윤리 이론은 공학전공 학생들이 실생활에서 직면하는 윤리적 쟁점을 스스로 분석할 수 있고 해결할 수 있는 지식을 제공하기 때문이다. 그래서 학생들은 실제 사례들에 대한 문제해결 능력을 향상시킬 수 있다(김대군, 2007: 9~10). 일반적인 공학윤리교육의 내용들은 다음과 같이 정리해 볼 수 있다. 공학윤리 의미, 일반도덕, 공리주의: 비용/이익 접근법, 인간의 존엄성을 근거로 하는 의무론, 선 긋기 기법, 창조적 중도 해결 방법, 엔지니어의 기본적 자질로 정직과 성실

그리고 신뢰에 대한 인식, 엔지니어의 책임, 공학에서의 위험과 안전에 대한 책임, 피고용인으로서 엔지니어와 고용주 관계, 정보환경(컴퓨터)에서 엔지니어의 윤리의식, 공학과 자연환경, 생명공학, 공학윤리강령들이다.[10)]

2. 공학윤리교육에서 로봇윤리의 활용 가능성

1) 공학윤리교육 목적에서 활용

예방윤리로서 공학윤리가 학생들로 하여금 공학 활동 자체가 갖는 미래의 위험을 예측하고 이에 대한 예방을 강조하는 것이라는 점에서 공학윤리교육에서 로봇을 활용하는 것도 본질적인 기여를 할 수 있다. 점차 로봇은 인공지능형 및 자율형 로봇으로 기술적인 발전을 하고 있고, 그 활용 영역도 매우 넓어지기 시작했다는 점에서 로봇윤리의 활용은 공학윤리교육에서 일정한 효과를 기대할 수 있다.

10) 정진우(2007), 182쪽 참조. 이대식 외(2012), 목차 참조. Harris et al.(2009), 목차 참조. 1995년부터 2010년까지 미국의 공학윤리 분야에서 공학윤리교육과 공학윤리의 윤리적 쟁점에 대한 공학윤리교육연구물들이 매우 활발하게 전개되고 있다. 공학윤리교육과 관련해서는 공학윤리교육과 덕윤리, 공학윤리교육의 협업, 웹기반 공학윤리교육, 커리큘럼과 공학윤리 주제, 공학윤리교육의 목적, 도덕교육학과 실천윤리학, 연구윤리교육, 윤리관련 학습성과 평가 방법이 주로 연구된 주제들이다([illegible], 2011: 300).

공학윤리교육 목적에서 로봇윤리의 활용은 다음과 같은 점에서 가능할 수 있다. 첫째, 로봇을 활용하는 것 자체가 윤리적 감수성을 자극하면서도 동시에 예방 윤리의 의미를 확인하는 것이라고 할 수 있다. 이미 일상에서 로봇을 찾는 것은 그리 어려운 일이 아니다. 무인전투기, 청소기, 수술용 로봇, 교육용 로봇, 애완강아지 로봇 등 인간의 통제를 직접 받는 형태에서 센서를 장착한 자율형 로봇, 나아가 자폐증 환자와 상호 소통을 할 수 있고 보호할 수 있는 다양한 로봇들을 찾아볼 수 있다. 이러한 로봇에 포함되는 모든 공학활동 자체는 인간과의 공존을 일정하게 전제로 하기 때문에, 향후 윤리적 문제가 본격적으로 드러날 가능성이 매우 크다. 이런 점에서 로봇공학은 향후 사회에서 전개될 인간과 로봇의 공존에서 발생할 수 있는 다양한 윤리적 문제들에 대한 매우 중요한 예방윤리의 원칙을 확립할 수 있다.

둘째, 로봇은 대부분 인간의 상상력에 많이 의존하고 있기 때문에, 공학윤리가 공학자들로 하여금 인류의 행복에 대한 상상력을 강화하고 윤리적 판단의 심사숙고를 강화시킬 수 있다. 그리고 이러한 활동에 대한 흥미도 높아질 수 있다. 예를 들면, 자폐증 아동의 제한적 반응을 유발하고, 상호작용을 유발시킬 수 있는 로봇의 활용이 치료를 목적으로 실험되었다. 노인에 대해서도 마찬가지로 정서교류형 로봇의 활용이 검토되고 있다. 이 상호작용의 과정에서 이른바 인간화의 느낌은 인간의 상상력의 산물로서 로봇

의 실현이 미래에는 가능할 수 있다는 점을 보여준다. 이는 로봇공학의 기술적 발전과 상상력의 전망에서 학생들로 하여금 이 둘을 조화시켜 자율적인 윤리적 판단 능력을 향상시킬 수 있다.

셋째, 로봇공학을 통해 전문종사자들의 직업적 책임과 윤리적 책임이 동시에 직접적으로 고려될 수 있다. 특히 기술이 사생활 침해 또는 인권 침해와 같은 윤리적 문제를 발생시킬 경우, 그 기술에 대한 대안을 검토하게 하거나 또는 폐기시킬 수 있는 도덕적 판단을 내리도록 만들 수 있다. 이와 더불어 자율형 로봇처럼 자신이 제작하는 로봇이 인간의 통제를 벗어나 자율적인 행위자가 된다는 인식 자체가 공학자로서의 책임을 강화하게 되는 것이라고 할 수 있다.

넷째, 로봇활용은 실제 생활에서 발생할 수 있는 사례들과 관련되어 있기 때문에, 공학을 전공하는 학생들과 공학을 전공하지 않는 학생들 모두에게 친숙하다. 공학계열 전공 학생들은 로봇기술을 구체적으로 적용해서 자신의 로봇활용이 어떤 사례들에서 구체적으로 활용될 수 있는지를 이야기할 수 있다. 비공학계열 전공 학생들은 로봇활용의 사례들을 통해 이해하기 어려운 기술에 대해 기본적인 이해의 틀을 마련할 수 있다. 따라서 로봇활용은 공학전공 학생들과 비공학계열 전공 학생들 모두에게 공학윤리교육을 가능하게 만들고, 학생들은 서로 팀 활동을 하더라도 활발한 상호작용을 전개할 수 있다.

2) 공학윤리교육 내용에서 활용

로봇을 공학윤리교육에 활용할 수 있는 가능성은 다음과 같이 고려할 수 있다. 무엇보다 각종 로봇활용에 관한 상상력을 풍부하게 활용하여 로봇활용 미래 사례들과 그에 따른 문제들을 제시할 수 있다. 이를 통해 학생들은 로봇제작자(전문가)로서 로봇 설계 단계부터 자신의 기술이 인간과 사회에 미치는 영향을 감안하여 로봇의 윤리적 틀을 고려할 수 있다. 그래서 로봇활용의 제작과 활용에서 다양한 윤리 이론들을 마련하여 해당 관련 기술에 적용되어야 하는 윤리 이론들을 검토할 수 있다. 이와 같은 모습은 로봇기술이 적용되는 미래 사회에서 삶에 관한 것이기 때문에, 예방윤리로서의 공학윤리교육 내용을 충분히 활용하는 것이라고 볼 수 있다.

또한 로봇의 개념에 따라 교육 내용이 다소 다를 수도 있다. 첫째, 로봇이 인간에게 유용한 기계라고 간주된다면, 주로 유용한 기계들을 누가 어떻게 활용할 것인가라는 문제가 주제가 될 것이다. 둘째, 로봇을 인간의 윤리적 방식이 표출된 존재로 규정하면, 로봇과 인간의 내적인 상호 소통의 의미, 로봇 자체의 윤리적 존재 문제가 주로 언급될 수 있다. 셋째, 로봇의 행위를 인간의 자유의지가 결여된 도덕적 행동으로 간주하고, 로봇을 도덕적 행위자로 규정하게 되넌, 행위 자체(임무)의 옳고 그름에 관한 도덕적 판단 및 평가에 관한 내용들이 주요 관심사가 된다. 넷째, 로봇을 인

간과 동등한 새로운 종으로 바라보게 되면, 이는 새로운 탐구영역이 될 수 있다(변순용·송선영, 2013: 3~4). 이와 같은 점은 오히려 공학윤리교육에서 로봇윤리의 활용을 더욱 유익하게 만들 수 있다. 미래의 로봇들이 인간 삶에 광범위하게 미칠 수 있는 많은 양상들을 검토할 수 있기 때문에, 다양한 주제들이 강화된 공학윤리교육을 전개할 수 있다.

공학윤리교육의 주요 내용에서 로봇을 활용할 수 있는 영역들은 다음과 같이 고려될 수 있다.

① 공학윤리 의미 : 미래 사회의 인간과 로봇의 공존 자체가 갖는 로봇공학의 윤리적 성찰을 검토할 수 있다. 그리고 로봇 자체의 존재론적 문제를 다룰 수 있다. 이를 통해 공학자들의 사회적 책임, 윤리적 책임, 직업적 책임의 수준을 인식할 수 있다.

② 윤리 이론의 적용 : 이미 로봇공학에서도 발생할 수 있는 윤리적 문제들에 대한 이론적 접근이 진행되고 있다. 아시모프의 로봇 3원칙, 의무론과 공리주의, 책임윤리 및 특정 이론의 차원에서 윤리적 쟁점을 탐구할 수 있다.

③ 정직, 성실, 신뢰 : 로봇공학자들에게 요구되는 덕목들을 중심으로 어떤 공학자가 되어야 하는지에 관한 윤리적 삶의 반성을

이끌어 낼 수 있다.

④ 책임 : 로봇활용에 따라 발생할 수 있는 인간에 대한 피해, 나아가 인류 행복의 파괴의 문제들에 대해 로봇공학의 본래적 책임을 탐구할 수 있다.

⑤ 고용주와 피고용주와의 관계 : 로봇 설계자와 로봇 생산자가 공학자와 경영자로서 서로 대립할 수 있다. 로봇이 인간의 의도를 반영한 결과물이기 때문에, 어떤 의도가 반영되어야 하는지에 따라 인간의 삶의 질은 결정될 수 있다. 또한 잘못된 결정에 대해 대처해야 하는 방법을 제시할 수 있다.

⑥ 정보환경에서 엔지니어의 윤리의식 : 최근 로봇공학은 광범위한 인터넷 네트워크를 기반으로 그 적용 범위가 넓어지고 있다. 이런 점에서 기존의 정보윤리 차원에서 강조되는 규범적 접근보다는 다양한 실제들에 미칠 수 있는 문제에 대한 윤리적 감수성을 강화하는 방향에서 검토될 수 있다.

⑦ 생명공학 및 나노공학 : 최근 로봇공학은 생명 및 나노기술 분야에서 다양한 접근들을 시도하고 있다. 가장 대표적인 사례가 노약자 또는 장애인에 대한 로봇기술의 적용이다. 그리고 사이보

그와 같은 인간과 로봇기술의 새로운 형태의 시도가 계속 진행되고 있다.

3. 로봇윤리를 활용한 교육 프로그램

이상의 논의를 통해 로봇윤리를 활용한 교육 프로그램은 다음과 같이 세 가지 측면에서 구성될 수 있다. 첫째, 로봇의 윤리적 의미에 따른 공학윤리의 의미, 공학자의 직업적 책임과 윤리적 책임의 영역에 대한 반성, 윤리적 감수성과 윤리적 상상력을 전개할 수 있다. 둘째, 로봇활용에서 윤리 이론의 적용 양상을 통해 윤리적 지식에 대한 기본지식과 응용지식을 동시에 이해할 수 있다. 셋째, 로봇활용의 실제 사례들을 통해 공학자의 책임, 공학자의 덕목, 새로운 분야들에서 미래 쟁점에 대한 실천적 대안을 마련해 볼 수 있다.

① 윤리적 감수성, 상상력, 반성력 : 공학자들에게 미래지향적 문제를 검토하게 함으로써 윤리적 감수성, 상상력, 반성력을 향상시킬 수 있다. 대표적으로 '어떤 로봇을 만들 것인가?', '인간과 로봇은 공존이 가능한가?'의 문제는 로봇윤리 활용에서 매우 중요한 물음에 속한다. 이제 로봇활용은 공상과학의 주제가 아니다. 무인

전투기, 무인자동차, 로봇청소기, 휴머노이드, 교육용 로봇, 수술용 로봇, 탐사용 로봇 등 다양한 분야들에서 많은 로봇들이 개발되어 운용되고 있거나 보다 더 진보적인 형태의 로봇 출현을 앞두고 있다. 따라서 공학자들에게 향후 어떤 로봇을 만들 것인지, 나아가 로봇과의 공존 가능성에 대한 문제를 상상하게 함으로써 윤리적 감수성과 상상력을 발휘하게 할 수 있다. 이 과정을 통해 로봇 활용에 따라 발생하는 문제들에 대해 예방윤리 차원의 반성력을 갖출 수 있다.

② 윤리적 지식 : 로봇윤리의 활용이 공상과학의 이상에서 출발하면서 영화 터미네이터와 같이 언제가 로봇이 인간을 해칠지도 모른다는 로봇에 대한 일반적인 공포가 자리 잡고 있다. 영화 「아이, 로봇」의 원작자인 아시모프는 로봇의 3원칙을 통해 로봇은 인간을 절대로 해칠 수 없고, 이 원칙에서 어긋나는 행동을 할 수 없음을 단언하였다. 그러나 이 원칙의 위반이 자기 소설의 모티브였다는 점에서 윤리적 원칙으로서는 한계가 있다.

이를 해결하기 위해 의무론, 공리주의, 덕론, 책임윤리의 전문적인 이론들을 탐구할 필요가 있다. 공학계열 전공자들에게 공학윤리교육을 통해 광범위한 윤리 이론 자체를 교육하는 것은 불가능하다. 하지만 로봇공학자로서 로봇제작과 활용의 측면에서 각각의 윤리 이론의 쟁점을 부각시킨다면, 핵심적인 윤리적 지식에

관한 역량을 갖출 수 있다. 예컨대, 돈을 많이 벌어들일 수 있는 로봇을 만들 것인지? 아니면 사회적 비용이 많이 들지만, 약자를 위한 로봇을 만들 것인지? 어떤 윤리적 기준을 적용할 것인지에 관한 윤리적 접근을 진행할 수 있다. 한편 이러한 윤리적 지식은 학생들의 팀 활동을 통해서 획득이 가능하다. 간단한 사례와 딜레마를 통해 팀원들의 토론을 이끌 수 있고, 이를 통해 윤리 이론들의 핵심 내용들을 교육의 목적에 맞게 이해할 수 있다.

③ 실제와 적용 : 미래 사회에서 인간과 로봇의 공존은 마치 20세기 중반에 등장해서 지금은 일상에서 활용하고 있는 현금인출기(ATM)의 양상과 비교되기도 한다. 최초에 이 기기가 등장했을 때 일반 사람들의 거부 반응은 강했지만, 현재는 매우 편리한 수단으로 활용되고 있다. 이제 로봇기술의 확대를 통해 우리는 유치원 및 학교에서 아이들에게 책을 읽어주거나 보호해 주는 역할을 담당하는 로봇을 기대할 수 있고, 식당과 공공기관에서 각종 서비스 및 민원에서 로봇이 그 기능을 담당할 수 있으며, 3D업종에서는 인간 대신 로봇이 그 업무를 대신할 것으로 보인다. 하지만 인간화되어 가는 로봇에 따른 문제도 매우 심각한 수준에서 예상할 수 있다. 센서와 근거리 통신을 통해 로봇들이 인간의 통제를 받지 않고 상호 정보를 교류함으로써 즉각적인 판단을 내릴 수 있다. 건물이 붕괴된 사고 현장에서 이러한 기능을 갖춘 로봇들

은 순기능을 발휘할 수 있지만, 민간인들 속에서 테러리스트를 살해하고자 하는 무인전투기의 경우에는 무고한 민간인들의 희생을 정당화할 수밖에 없다. 또 다른 한편에서 인간의 신경계에 컴퓨터, 통신, 나노 기술이 집약됨으로써 인간의 물리적 고통 및 장애, 장기의 문제, 골근계 장애, 나아가 인간과 기계간의 네트워크 결합이라는 우리가 경험하지 못한 모습에 다가설 수 있다. 이처럼 다양한 실제들에서 활용되는 로봇의 사례, 그에 따른 윤리적 문제들에 대해 윤리적 지식을 적용하여 공학자들의 책임과 윤리적 성찰을 강화할 수 있다.

4. 소 결

오늘날 과학기술의 발달과 정보 지식 사회의 환경이 변화함에 따라 공학의 중요성은 점차 증가하고 있다. 공학활동 자체는 기술적 발달뿐만 아니라 그것이 적용된 인간 삶의 실제라고 할 수 있다. 이런 점에서 공학자들은 자신들이 활용하고자 하는 기술이 미래 인간 삶에 어떤 결과를 미칠 수 있는지를 가늠하여 검토해야 한다. 이와 같은 전문직으로서의 사명으로 인해 예비 공학자들은 윤리적 성찰의 능력을 갖추어야만 한다. 따라서 공학윤리교육은 예방윤리 차원에서 공학자들의 전문 활동이 삶에 미치는 다양한

윤리적 문제들을 검토함으로써 근본적으로 윤리적 성찰력을 함양하는 데 주된 목적이 있다.

여기서는 공학윤리교육에서 오늘날 기술 환경 변화에 따라 다양한 분야들에서 사용되고 있는 로봇윤리 활용의 가능성을 검토하였다. 기존의 공학윤리가 공학자의 직업적 책임과 윤리적 책임의식에 대한 교육에 상당한 초점을 두었던 반면, 새로운 첨단 공학 기술의 발전과 실제 적용은 거시적 수준의 윤리적 성찰 능력 함양이라는 공학윤리의 과제를 제기하였다. 이런 점에서 로봇은 공학윤리교육에서 매우 효과적인 활용 주제가 될 수 있다. 로봇윤리의 활용은 미래 사회의 변화와 더불어 발생하기 쉬운 윤리적 문제들에 대한 윤리적 감수성과 상상력을 증진시킬 수 있다. 또한 공학교육에서 인간의 통제를 벗어나 스스로 판단을 내릴 수 있는 자율형 로봇을 활용하는 것은 전문직으로서의 예방윤리와 공학자의 책임의식을 더욱 강화시킬 수 있고, 비공학 계열 학생과 공학 계열 학생 간의 전공 간격을 좁힐 수 있다.

기존의 공학윤리교육 내용에서 로봇 사용의 사례들을 적용해 보면, 공학윤리교육 모델은 다음과 같은 세 가지 측면을 토대로 마련될 수 있다.

① 윤리적 감수성, 상상력, 반성력 : 현재 다양한 분야들에서 활용되고 있는 로봇공학은 인간과 로봇의 공존이라는 미래 전망

에서 어떤 로봇을 만들고 사용할 것인지에 관한 윤리적 감수성, 상상력, 반성력을 강화시킬 수 있다.

② 윤리적 지식 : 의무론, 공리주의, 덕론, 책임윤리와 같은 윤리 이론들을 현재 논란이 되고 있는 로봇윤리의 전망에서 검토할 수 있다. 특히 공학계열 전공자들이 순수 윤리적 지식을 이해하고 학습하는 것은 쉬운 일이 아니다. 하지만 로봇공학자로서 로봇 제작과 활용 측면에서 각각의 윤리 이론의 쟁점을 부각시킨다면, 핵심적인 윤리적 지식에 관한 역량을 갖출 수 있다.

③ 실제와 적용 : 가까운 미래에 군사, 교육, 각종 서비스, 수송수단, 산업, 안전 및 재해, 탐사, 보안 등의 거의 모든 분야에서 로봇기술은 활용될 전망이다. 그리고 이들의 자율성은 인간 통제를 거의 받지 않는 수준으로 나아가고 있다. 이에 대해 발생할 수 있는 다양한 윤리적 문제들을 윤리 이론을 적용하여 올바른 윤리적 판단력과 인간과 로봇의 공존에 대한 윤리적 성찰을 강화시킬 수 있다.

기술영역에서 공학 활동은 매우 전문적이고 그래서 인간 삶에 결정적인 영향을 미친다. 그래서 공학자들은 미시적으로는 문제에 대한 대응, 확고하고 엄격한 책임의식, 거시적으로는 윤리적

성찰에 대한 반성력을 동시에 갖추어야 한다. 기술이 진보하면 진보할수록 공학자들의 윤리적 제약에 대한 거부감이 점점 더 커질 수 있는 위험은 늘 존재한다. 그래서 공학자들에게 윤리적 의식과 성찰은 하나의 사명으로 간주되어야 한다. 예비 공학자들에 대한 전문적인 윤리 교육은 미래의 사회와 기술 변화를 적용할 필요가 있다. 이런 점에서 로봇은 매우 적합한 소재가 될 수 있다. 로봇은 미래 사회에서 활용도가 매우 높고, 인간과 매우 유사한 수준에서 인간의 기능을 대신할 수 있다. 정확한 시기와 그 능력의 수준을 단정하기는 어렵지만, 무인전투기 및 무인자동차와 같은 기술적 수준에서는 자율형·지능형 로봇공학이 우리 삶에 본격적으로 전개될 가능성이 크다. 따라서 공학윤리교육에서 로봇윤리의 활용은 단지 교육 내용의 한 단편에서 이루어지는 것이 아니라 공학 활동의 거시적 전망에서 보다 더 세밀하게 검토될 필요가 있다.

자. 로봇기술에 대한 경험, 로봇에 대한 인식과 그것의 활용에 대한 세대 간 차이로 인해 세대 간 갈등이 새로운 형태로 등장한다. 이에 따라 기성 세대에 속하는 교사들은 학교 교실에서 어린 학생들에겐 익숙한 로봇기술 또는 로봇을 활용하는 것을 '가장 어려운 장애물'로 생각한다(Papert, 1993: 57). 또한 AI 로봇의 적용 범위와 기준이 정확하게 마련되어 있지 않은 것도 심각한 문제를 일으킬 수 있다. 이른바 윤리학과 과학기술 간의 간격이 더욱 심화될 수 있다. 윤리학의 입장에서는 과학기술의 진보가 사회윤리적 제약들을 무시하는 것으로 보이고, 과학기술의 입장에서는 윤리적 제약들이 진보의 장애물들로 보인다. 그래서 윤리학과 과학기술의 양쪽 고려를 모두 충족시킬 수 있는 교육, 예를 들면, 로봇윤리 교육이 대안적으로 논의되고 있다(Danielson, 2002: 162).

2. 교육용 AI 로봇의 전개와 교과 활용

학교 교육에서 본격적인 로봇 활용을 검토하기에 앞서 교과목의 특성에 따라 로봇의 활용이 다르다는 점을 고려해야 한다. 하지만 이런 점은 동시에 로봇을 다학문적 또는 학제간 영역에서 활용하기 위한 로봇 개발의 원동력이 되었다. 로봇의 학제간 활용도는 Mastiff-1처럼 주로 과학기술과 공학 분야에 머물렀다. 교과

교육에서는 주로 수학과 과학과목에서 활용되고 있다. 그리고 최근에는 학생과 로봇 간의 상호소통 기술을 기반으로 언어 교육에서 AI 로봇기술이 활용되고 있다.[2] 이러한 추세를 반영하듯 학교 교육에서 로봇의 활용, 그리고 교과별 특성에 맞는 로봇의 개발이 점차 확대되고 있다. 예를 들면, 이미 중국 정부는 교육 분야에 다양한 형태의 로봇기술을 적용하기 시작했다(Guomin Zhang and Jianping Zhang, 2008: 703).

주로 로봇기술은 교육 분야에서 교육용 도구로서 활용되고 있다. 학교 교육에서 기계 도입의 초기 단계는 수학 과목에서 컴퓨터의 도입이었다. 이는 전통적 수업 체계를 변화시켰다. 예를 들면, 컴퓨터를 활용한 교육은 학생들의 데이터 수집과 인식의 구조를 변화시켰다. 학생들은 자신들에게 필요한 특정한 수학 능력을 갖추고 이를 활용할 수 있게 된 것이다. 학생들은 수학 수업에서 컴퓨터의 활용을 통해 스스로 문제를 제기하게 만들었고, 그 문제

---

2) 언어교육에서 로봇의 활용에 관해서는 다음을 참조할 수 있다. Bradley S. Barker and John Ansorge, 「*Robotics as Means to Increase Achievement Scores in an Informal Learning Environment*」, Journal of Research on Technology in Education, 39(3)(Spring 2007): 231; Cheih－Wei Chang, Jih－Hsien Lee, Po－Yao Chao, Chin－Yeh Wang and Gwo－Dong Chen, 「*Exploring the Possibility of Using Humanoid Robots as Instructional Tools for Teaching a Second Language in Primary School*」, Educational Technology & Society, 13(2)(2010): 13; Gwo－Dong Chen, Chih－Wei Chang, 「*Using humanoid robots as instructional media in elementary language education*」, Second IEEE International Conference on Digital Game and Intelligent Toy Enhanced Learning (2008): 201.

를 탐구하고, 구체적인 해결책을 찾을 수 있게 된 것이다(Parpert, 1993: 17). 이와 같은 모습은 교육 개혁을 시도함에 있어 구성주의적 방식(constructivist methods), 즉, 기계의 도입이 학생들을 "지식의 소비자가 아니라 창조자로서 행동하게 만든다."는 것이다(Parpert, 1993: 13).

이처럼 기존처럼 학교 교육에서 기계 도입의 장점은 가격이 저렴하면서도 교육의 목적을 극대화할 수 있다는 것이다. 최근에 국제적으로 가장 많이 활용되는 로봇교구들 가운데 하나는 레고(Lego)의 마인드스톰(Mindstorms)이다. 이 교구는 학교가 구입하기에 가격 부담이 적고, 학생들은 700여개의 조각들을 활용해서 자신이 원하는 로봇들을 조립할 수 있다. 이런 장점 때문에 마인드스톰 교구는 예를 들면, 콜럼비아 대학교의 AI 커리큘럼을 구성하는 데 활용되기도 한다(Parsons and Sklar, 2004: 2). 컴퓨터에서 마인드스톰과 같은 AI 로봇교구에 이르기까지 로봇공학은 교육 분야에서 지속적인 영향을 미치고 있다. 이러한 기술 도입과 영향은 단순히 교육용 도구들의 변화 수준이 아니다. 예를 들면, 마인드스톰 도입에 따라 학생들은 자신들이 구성하려는 로봇의 모니터, 센서, 프로그램과 같이 기술적 구성요소들에 대해 교사들과 함께 논의하였고, 교사들 또한 학생들이 문제를 해결할 수 있도록 상호 소통의 폭을 심화하였다(Barker and Ansorge, 2007: 230).

최근에는 AI 로봇의 교육 도구로서 활용이 새롭게 전개되는

것 같다. 이른바 인간과 로봇의 상호작용(Human-Robot Interaction, HRI) 기술 때문이다. ㈜유진로봇에서 제작한 소형 지능형 교육용 로봇인 'iRobiQ'를 활용한 사례를 들어 보자. 이 로봇은 아이들과 사회정서적 상호작용을 증진시키기 위한 내용과 기능을 갖추고 있다. 유치원생들은 이 로봇에 장착된 터치 화면과 스피커를 통해 대화하면서 로봇에 갖춰진 교육적 기능을 경험하였다(Eunja Hyun, Hyunmin Yoon, and Sooryun Son, 2010: 199~200). 이와 유사한 활용의 모습이 중국에서도 보인다. 중국의 중카이대학교(Zhongkai University)에서는 자율이동 로봇 프로젝트를 시행하였다. 여기에는 교육용 로봇인 Mastiff-1이 활용되었다. 이 로봇은 대상의 안전, 순찰, 운항, 지도의 자율적 기능을 갖추고 있었다. 이 실험은 단지 부분적인 지식 대신에 AI 로봇의 창의성, 협동, 수행 능력, 타고난 능력과 인격을 기반으로 하였다(Li Xuemei, Xu Gang, 2008: 66~68). AI 로봇기술이 인간과 로봇의 소통과 상호작용을 기반으로 확대되면서 점차 다양한 형태의 교육용 로봇들도 등장할 전망이다.

이와 같은 로봇의 특성은 언어 교육 분야에서 새로운 변화를 주도할 수 있다. 중국의 한 초등학교에서 적용된 외국어 언어 교육 분야의 로봇 특성들은 다음과 같다. 첫째, 로봇의 반복능력(repeatability)이다. 이로 인해 교사들은 언어를 지도하기가 용이했고, 학생들은 언어를 말하고, 재반복하는 데 도움이 되었다. 이는 '주의를 끌기', '전제들을 상기하기', '파지와 전이를 강화하기'의

교육적 목적과 연결된다. 둘째, 로봇의 유연성(flexibility)이다. 교사와 학생은 모두 로봇을 활용하면서 다양한 교육용 자료 습득과 활동에 참여할 수 있었다. 셋째, 로봇의 디지털화(digitization)이다. 로봇은 디지털 데이터에 의해 운용되기 때문에, 교사들이 자신의 교육 경험들을 축적하기가 용이했고, 학생들은 컴퓨터를 통해 교육 자료들을 공유하기가 쉬웠다. 넷째, 인간과 비슷하게 생긴 휴머노이드의 외양이다. 이로 인해 학생들은 오히려 로봇에 대해 호기심을 갖고 외국어 학습에 임했다. 그 결과, '주의를 끌기', '전제들을 상기하기', '새로운 내용을 제시하기', '시각 자료 지원', '학생의 반응을 이끌어 내기'와 같은 교육적 목적이 달성되었다. 다섯째, 로봇의 제스처와 움직임이다. 학생들은 마치 인간과 유사한 몸짓처럼 로봇의 제스처와 움직임을 이해하고 언어를 학습하였다. 이는 '주의를 끌기', '시작 자료 지원', '학생의 반응을 이끌어 내기'의 교육적 목적과 관련이 깊었다. 여섯째, 로봇의 상호작용 능력이다. 이 능력은 학생들이 교사가 아닌 로봇과 대화를 하면서, '전제들을 상기하기', '학생의 반응을 이끌어 내기', '피드백을 제공하기'의 교육적 목적과 연결되었다. 이에 따라 학생들은 로봇을 마치 인간처럼 자신의 대화 상대로 간주하였다. 마지막으로, 로봇의 의인화(anthropomorphism)다. 이러한 특성은 교사와 학생이 외국어 교육에서 스토리텔링, 읽기, 칭찬하기, (과제수행) 명령을 내리기, 질문과 대답하기를 수행하는 데 활용되었다. 이 특성은 '학생

의 반응을 이끌어 내기', '피드백을 제공하기'의 교육적 목적과 연결되었다(Chang et al., 2010: 15~19).

교과교육에서 AI 로봇의 활용은 보다 사회적 수준으로 확대될 수도 있다. 가령, 교육 복지의 측면에서 AI 로봇은 학교 현장에서 장애 학생들을 지원하는 데에도 활용될 수 있다. 로봇이 자율적으로 움직일 수 있다는 점에서 신체적으로 장애 학생들을 보조할 수 있다. 이는 장애 학생들이 다른 학생들과 동등한 교육용 로봇 활용의 기회를 갖게 만든다(Cooper et al., 1999: 2~3). 이러한 로봇은 교육과 배려(care)의 이중 목적을 가져야 하고, 이타주의를 기반으로 구성되어야 한다. 이런 점은 교육용 로봇이 단순한 교육을 위한 수업용 도구가 아니라 사회적 목적을 자체적으로 가질 수 있다는 점을 보여준다. 이럴 경우 AI 로봇은 점점 더 인간을 닮아가고 인간과 유사한 행동을 하면서 똑똑하게 일을 수행하는 '사회적 지능(social intelligence)'의 로봇으로 전환될 수 있다(Dautenhahn, 2007: 681~682).

3. 도덕윤리교육에서 AI 로봇 활용의 기준과 전망

언어 교육 분야에서 AI 로봇의 활용이 갖는 사례들과 같이, 교사와 학생들은 로봇을 통해 교육과 학습에서 일정한 교육적 효과

를 얻었다. 그리고 학생들은 로봇과의 상호작용을 통해 마치 현실의 대화 상대로도 인식하기도 하였다. 이처럼 앞으로 학교 현장에서 AI 로봇의 활용은 기존처럼 학습 도구의 수준을 넘어설 것으로 보인다. 이에 우리는 학생들이 바람직한 인간 삶을 영위하기 위해 도덕적 가치와 행동의 자율성과 실천을 이끌기 위한 도덕교육의 분야에서 AI 로봇을 어떻게 활용할 것인지에 대한 기초를 다져보고자 한다. 도덕윤리교육 분야에서 대비해야 할 AI 로봇의 특성들과 기준은 다음과 같다.

첫째, 인간과 로봇의 상호작용(HRI) 기반의 로봇기술은 자폐증 또는 신체적 장애를 가진 학생들을 보조하는 수단으로 활용될 수 있다. 이는 단지 복지적 수준의 보조가 아니라, 교육적·정서적 보조까지 포함하는 상호작용을 의미한다. 예를 들면, 아동 크기만한 휴머노이드 로봇이 교과교육의 내용 이외에도 인간과 유사한 지능, 정서적 소통 능력, 상호작용 능력을 갖추게 된다면, 이 로봇은 장애를 가진 학생들에게 '사회적 지능'의 동등한 기회를 제공하게 된다. 이런 점에서 우리가 준비해야 하는 기준은 배려(care)와 이타주의다. 향후 학교 현장에서 또는 도덕윤리교육에서 복지와 같은 특수한 목적으로 AI 로봇이 활용된다면, 배려와 이타주의의 기준을 갖춘 사회적 지능을 기반으로 해야 한다.

둘째, 도덕윤리 교육용 AI 로봇은 교육적 도구로 간주되어야 한다. HRI 기반으로 사회적 지능을 갖춘 로봇이 등장하더라도, 도

덕윤리교육 분야에서는 그 지능의 범위가 교육 도구의 수준에서 제한되어야 할 것이다. 이러한 교훈은 앞선 초등학교의 언어 교육의 실험에서 얻을 수 있다. 학교의 외국어 교육에서 AI 로봇의 활용은 교사와 학생에게 유익한 도구였다. 교사들은 로봇을 통해 자신들의 경험들을 축적하기 용이했고, 로봇은 교사를 대신해서 학생들에게 스토리텔링과 말하기, 질문과 답변 등의 교육 기능을 수행했다. 학생들도 반복적으로 언어를 연습하고 습득할 수 있었고, 자료들을 쉽게 확보할 수 있었다. HRI 기반에 둔 이러한 교육적 효과는 도덕교육 현장에서도 충분히 응용될 수 있을 것이다. 하지만 중요한 문제는 학생들이 로봇을 일상의 대화 상대로 인식하는 경향에서도 보듯이, 로봇의 의인화에 대해서는 경계해야 한다. 교육용 로봇에 수업을 위한 다양한 자료, 시청각 정보 제공 등, 교육의 효과를 극대화시킬 수 있는 내용을 담을 수 있고, 이를 기반으로 학생들과 로봇은 상호작용을 할 수 있다. 이를 벗어나거나, 특히 교사의 통제를 벗어나는 로봇의 자율성은 허용되어서는 안 될 것이다.

이와 같은 로봇의 활용을 위한 기준은 매우 제한적이고, 최소한의 범위에 속하는 것이다. HRI를 중심으로 전개될 교육용 AI 로봇의 확대는 사회 복지 및 평등한 교육 기회 등 매우 매력적인 모습을 띨 수 있다. 하지만 구체적인 교과교육 분야에서 이를 활용하기에는 그 특성상 일정한 한계를 가질 수밖에 없다. 특히 도

덕윤리교육에서 고려해야 하는 제약은 다음과 같다.

첫째, 고학년 학생들일수록 교육 효과가 떨어질 수 있다. '정직'의 덕목에 따른 각종 활동 자료들을 AI 로봇의 교육 프로그램에 입력했다고 가정해 보자. 학생들은 '거짓말을 하지 않기'와 같은 실천 활동을 로봇과 함께 수행할 수 있을 것이다. 저학년 학생들일수록 이 활동은 효과적일 수 있다. 그러나 이러한 활동은 로봇에 대해 잘 알고 있거나 또는 도덕적 판단력이 높은 고학년 학생들을 만족시킬 수 없을 것이다. 이 학생들과 '선의의 거짓말'을 하면서 인류가 지속하는 윤리적 성찰까지도 자율적으로 수행할 수 있는 로봇을 기대할 수는 없는 일이다.

둘째, 도덕윤리교육에서는 HRI를 기반으로 하는 AI 로봇에게 어떤 정서를 어느 수준까지 입력해야 할 것인지에 대한 논란이 될 수 있다. 교육용 도구라고 한다면, 이 로봇은 학습자의 요구에 따라 시청각 자료 등을 포함한 다양한 학습 보조 능력을 갖추어야 하는데, 이런 점에서 자율적이라고 할 수 있다. 그러나 이 로봇은 우리가 주입하는 도덕윤리교육의 내용들을 학습자들에게 모두 공개하지는 않을 수도 있다. 동시에 학생들은 이 로봇이 보여주는 자료들을 통해 자신의 도덕적 결정을 내릴 수도 있다. 미국의 6세에서 9세의 아동들에 대한 실험에서처럼, 도덕적 딜레마 상황에서 컴퓨터와 로봇의 도덕적 선택이 아동들에게 실제로 복잡한 문제를 해결하는 데 영향을 미쳤던 사례도 있다(Danovitch and Keil, 2008:

28~39). 말하자면, 로봇은 우리의 통제를 받으면서도 학습자들에게는 도덕적 충고자(moral advisors)의 역할을 수행할 수 있다.

4. 소 결

도덕윤리교과의 특성상, 도덕윤리교육에서 AI 로봇의 본격적인 활용은 매우 제한적일 것으로 보인다. 하지만 AI로봇에 대한 적극적인 호기심과 무비판적 반응을 갖기 쉬운 유아 및 초등 연령에서 AI 로봇은 풍부한 학습자료와 콘텐츠를 갖는 유용한 도구로서 일정한 교육적 효과를 가질 수도 있다. 향후 AI 로봇기술이 우리 삶의 전반에 확대될 것이라는 점을 감안한다면, 우리는 이 기술의 도덕윤리교육에의 활용에 대한 무조건적 반대 또는 부정보다는 효과적인 교육적 도구로 활용할 수 있는 세부적인 기준들을 미래지향적 시야에서 준비할 필요가 있을 것이다.

참고문헌

고인석, 「아시모프의 로봇 3법칙 다시 보기: 윤리적인 로봇 만들기」, 『철학연구』, 제93집(2011).

권동수, 「로봇 비즈니스의 봄은 오는가?」, 2011 로봇 연구개발 리서치 체인대회 자료집(2011).

김대군, 「공학윤리의 교수 프로그램 고찰」, 『윤리연구』, 제64호(한국윤리학회, 2007).

라파엘 카푸로 & 미카엘 나겐보르그 편저, 변순용·송선영 공역, 『로봇윤리』, 어문학사, 2013.

㈜ 대양전기공업, 「수중 경계 및 생태 환경의 IT 기반 센서웹 서비스 시스템 구축을 위한 수중-수상 로봇 개발」, 2011 로봇 연구개발 리서치 체인대회 자료집(2011).

㈜ Robotis, 「미니멀리즘(Minimalism) 기반 UCR(User Created Robots) 기술 개발」, 2011 로봇 연구개발 리서치 체인대회 자료집(2011).

박찬성, 「정의로운 전쟁, 인도주의적 개입 그리고 보편적 인권 -마이클 왈저(Michael Walzer)의 논의를 중심으로」, 『공익과 인권』, 제9호(2011).

변순용, 「공학윤리교육의 발전방향에 대한 연구–공학자의 사회적 책임을 중심으로」, 『한국초등도덕교육학회』, 제22집(2006).
――――――――――, 「현대사회의 도덕적 책임에 대한 연구」, 『윤리연구』, 제65호(한국윤리학회, 2007).
――――――――――, 「현대윤리학에서의 책임윤리에 대한 규범적 접근」, 『국민윤리연구』, 제55호(한국국민윤리학회, 2004).
――――――――――, 『책임의 윤리학』, 철학과 현실사, 2007.
변순용, 송선영, 「로봇윤리의 이론적 기초를 위한 근본 과제 연구」, 『윤리연구』, 제88호(한국윤리학회, 2013).
손화철, 「공학윤리와 기술철학의 만남」, 『공학윤리』, 제18권 제1호(2011).
송선영, 「윤리문화유형에 따른 도덕적 정서와 다중적 정체성의 관계에 관한 연구」, 『윤리연구』, 제90호(한국윤리학회, 2013).
신동은, 「미국의 공학윤리교육의 연구 동향」, 『직업교육연구』, 제30권 제2호(2011).
아시모프 로봇 3법칙, http://ko.wikipedia.org/wiki/로봇공학의_3원칙(검색일: 2015년 3월 19일)
유진로봇, 「네트워크 기반 외국어 교육 로봇 개발」, 2011 로봇 연구개발 리서치 체인대회 자료집(2011).
이대식, 김영필, 김영진, 『공학윤리의 길잡이』, 학산미디어(2012).
이유택, 「요나스의 미래윤리와 책임」, 『동서철학연구』, 제36호(한국동서철학회, 2006).
이재승, 「공학윤리교육의 필요성 및 교육내용과 방법」, 『윤리교육연구』, 제16집(2008).
이택식, 전영준, 노재윤, 박민서, 「공학윤리교육과목 실태분석을 통한 개선방안 도출: 수요자를 중심으로」, 『공학교육연구』, 제11권 제3호(2009).

정진우, 「공학인증제도 안에서 공학윤리, 무엇을 어떻게 교육해야 하나?」, 『동서철학연구』, 제43호(2007).

제어로봇시스템학회, 『로봇윤리헌장 제정을 위한 로봇기술 발전 시나리오 연구』, 한국로봇산업진흥원(내부 자료), 2010. 12.

제어·로봇·시스템학회 설립목적 http://www.icros.org/about/sub01_01.asp?sub_param=1(검색일: 2014년 5월 20일)

제임스 레이첼즈, 노혜련·김기덕·박소영 공역, 『도덕철학의 기초』, 나눔의 집, 2006.

최문기, 「인간의 삶과 과학기술, 윤리」, 한국윤리학회편, 『과학기술과 윤리』, 형설출판사, 2008.

한경희, 「전문직으로서 엔지니어 공학윤리」, 『공학교육』, 제18권 제1호(2011).

한경희, 허준행, 이충용, 「공학 윤리 교육: 현황과 쟁점, 그리고 전략」, 『공학교육연구』. 제12권 제1호(2009).

한국공학교육인증원 http://www.abeek.or.kr/htmls_kr/contents.jsp?menu_l=2&menu_m=15(검색일: 2014년 5월 20일)

한국전자통신연구원, 「비정형 환경대응 네트워크 기반 군집지능 로봇기술 개발」, 2011 로봇 연구개발 리서치 체인대회 자료집(2011).

Adam, Alison, *Delegating and distributing morality: Can we inscribe privacy protection in a machine?,* in Ethics and Information Technology, no. 7(2005).

Allen, Colin, Varner, Gray and Zinser, Jason. *Prolegomena to any future artificial moral agent.,* Journal of Experimental & Theoretical Artificial Intelligence, Vol. 12 (2000): 251~61.

Altmann, Jürgen, *Preventive Arms Control for Uninhabited Military Vehicles*, Rafael Capurro and Michael Nagenborg (eds.), Ethics and Robotics (이하 ERs로 표기), Heidelberg; Akademishce Verlagsgesellschaft AKA, 2009.

Anderson, Michael & Susan Leigh Anderson (eds.), *Machine Ethics*, Cambridge University Press, 2011.

Aristotle, *The Nicomachean Ethics*, trans. J. A. K. Thomson, London: Penguin Books, 2004.

Barker, Bradley S. and Ansorge, John. *Robotics as Means to Increase Achievement Scores in an Informal Learning Environment.*, Journal of Research on Technology in Education, 39(3) (Spring 2007): 229~43.

Becker, Barbra, *Social Robots－Emotional Agents: Some Remarks on Naturalizing Man－Machine Interaction*, International Review of Information Ethics, Vol. 6, Ethics in Robotics (이하 IRIE로 표기), Vol. 6(12/2006): 37~45

Bekey, George A., *Current Trends in Robotics: Technology and Ethics, Robot Ethics: The Ethical and Social Implications of Robotics* (이하 RE－ESIR로 표기), Massachusetts; The MIT Press, 2012.

Byun, Sun－Yong and Song, Sun－Young. *A Study of Fundamental Tasks for the Theoretical Foundation of Roboethics.*, Journal of Korean Ethics Studies, Vol. 88 (2013): 1～26.

Byun, Sun－Yong and Song, Sun－Young. *A Study of Theoretical and Practical Issues for Roboethics.*, Journal of Korean Ethics Studies, Vol. 89 (2013): 49~63.

Chang, Cheih－Wei, Lee, Jih－Hsien, Chao, Po－Yao, Wang, Chin－Yeh and

Chen, Gwo－Dong. *Exploring the Possibility of Using Humanoid Robots as Instructional Tools for Teaching a Second Language in Primary School.*, Educational Technology & Society, 13(2) (2010): 13~24.

Chen, Gwo－Dong, Chang, Chih－Wei. *Using humanoid robots as instructional media in elementary language education.*, Second IEEE International Conference on Digital Game and Intelligent Toy Enhanced Learning (2000): 201~2.

Chin, Kai－Yi, Wu, Chin－Hsien, and Hong, Sen－Wei. *A Humanoid Robot as a Teaching assistant for primary education.*, 2011 Fitth International Conference on Genetic and Evolutionary Computing (2011): 21~4.

Coecklbergh, Mark, Virtual moral agency, *virtual moral responsibility: on the moral significance of the appearance,* perception, and performance of artificial agents, in AI & Soc, no.24(2009).

Cooper, Martyn, Keating, David, Harwin, William, and Dautenhahn, Kerstin. *Robots in the classroom –tools for accessible education.*, The 5th European Conference for the Advancement of Assistive Technology(November, 1999): 1~5.(http://citeseerx.ist.psu.edu/viewdoc/summary?doi=10.1.1.29.4835)

Danielson, Peter. *Video Surveillance for the rest of us: Proliferation, Privacy, and Ethics Education. Technology and Society(ISTAS'02)*, International Symposium on(2002): 162~7.

Danovitch, Judith H. and Keil, Frank C. *Young Humeans: the role of emotions in children's evaluation of moral reasoning abilities.*, Developmental Science, Vol. 11, No. 1 (2008): 33~9.

Dautenhahn, Kerstin. *Socially intelligent robots: dimensions of human-robot*

interaction., Philosophical Transactions: Biological Sciences, Vol. 362, No. 1480, Social Intelligence: From Brain to Culture (Apr. 29, 2007): 679~704.

Hyun, Eunja, Yoon, Hyunmin, and Son, Sooryun. *Relationships between User Experience and Children's Perceptions of the Education Robot.*, Human－Robot Interaction (HRI), 5th ACM/IEEE International Conference on (2010): 199~200.

Lin, Patrick, *1. Introduction to Robot Ethics*, Patrick Lin, Keith Abney, and George A. Bekey (eds.), RE－ESIR, 2012.

Lin, Patrick, George Bekey, and Keith Abney, *Robots in War: Issues of Risk and Ethics*, ERs, 2009.

Kant, I., *Foundation of the Metaphysics of Mora*ls, Critique of Practical Reason, trans. Lewis White Beck, London: Garland Publishing, 1976.

Mill, J. S., Utilitarianism, John Gray, ed., *On Liberty and Other Essays*, Oxford: Oxford University Press, 1991.

Oakley, Justin, *Morality and Emotion*, Routledge, 1992.

O'Shea, Tim. *Mindstorms 2.*, The Journal of the Learning Science, Vol. 6, No. 4 (2009): 401~8.

Papert, Seymour. *The Children's Machine: Rethinking School in the Age of the Computer.*, New York: Basic Books, 1993.

Parsons, Simon and Sklar, Elizabeth. *Teaching AI using LEGO Mindstorms.*, AAAI Spring Symposium 2004 on Accessible Hands－on Artificial Intelligence and Robotics Education (2004):1~6. (http://spider.sci.brooklyn.cuny.edu/~parsons/publications/conferences/sss04b.pdf)

Pritchard, Michael S. *Moral Machines? Science and Engineering Ethics*, Vol. 18,

No. 2 (June 2012): 411~7.

Sharkey, Nolel and Amanda Sharkey, *The Rights and Wrongs of Robot Care*, RE－ESIR, 2012.

Stacy, Edgar L., *Morality and Machines － Perspectives on Computer Ethics, Sudbury*, MA: Jones and Bartlett Publishers, 1997.

Sullins, John P., *When is a robot a moral agent?*, IRIE, Vol. 6(12/2006).

Sun－Yong Byun, Sun－Young Song, *A Study of Theoretical and Practical Issues for Roboethics*, Journal of Korean Ethics Studies, Vol. 89(2013):49~63

Veruggio, Gianmarco and Keith Abney, *Roboethics: The Applied Ethics for a New Science*, RE－ESIR, 2012.

Veruggio, Gianmarco and Fiorella Operto, *Robotics: a Bottom－up Interdisciplinary Discourse in the Field of Applied Ethics in Robotics*, IRIE, Vol. 6(12/2006).

Wallach, Wendell & Allen Colin, *Moral Machines: Teaching Robots Right from Wrong*, Oxford University Press, 2010.

Webber, Jutta, *Robotics Warfare, Human Rights & the Rhetorics of Ethical* Machines, ERs, 2009.

Xuemei, Li and Gang, Xu. *Interdisciplinary Innovative Education Based on Modular Robot Platform.*, 2008 ISECS International Colloquium on Computing, Communication, Control, and Management (2008): 66~9.

Zhang, Guomin and Zhang, Jianping. *The Issue Robot Education in China's Basic Education and its Strategies.*, Robotics, Automation and Mechatronics, 2008 IEEE Conference on (2008): 702~5.

로봇윤리란 무엇인가?

초판 1쇄 발행일 2015년 4월 10일

지은이 변순용·송선영
펴낸이 박영희
편집 배정옥·유태선
디자인 김미령·박희경
마케팅 임자연
인쇄·제본 태광인쇄
펴낸곳 도서출판 어문학사
서울특별시 도봉구 쌍문동 523-21 나너울 카운티 1층
대표전화: 02-998-0094/편집부1: 02-998-2267, 편집부2: 02-998-2269
홈페이지: www.amhbook.com
트위터: @with_amhbook
페이스북 페이지: http://www.facebook.com/amhbook
네이버 블로그: http://blog.naver.com/amhbook
다음 블로그: http://blog.daum.net/amhbook
e-mail: am@amhbook.com
등록: 2004년 4월 6일 제7-276호

ISBN 978-89-6184-367-6 93190
정가 15,000원

이 도서의 국립중앙도서관 출판예정도서목록(CIP)은 e-CIP홈페이지(http://www.nl.go.kr/ecip)와 국가자료공동목록시스템(http://www.nl.go.kr/kolisnet)에서 이용하실 수 있습니다.
(CIP제어번호: CIP 2015008808)